Ce journal appartient à :

_____

_____

Comment compléter ce journal ?

Vous venez d'acquérir votre nouvelle maison où vous souhaitez peut-être débuter la rénovation de votre maison actuelle, félicitation !
C'est un grand moment dans la vie de chacun.
Ce journal est là pour vous accompagner dans toutes les étapes de vos projets.

Les croquis

Munissez-vous d'un crayons, d'une gomme et d'un mètre pour reproduire sur la page dédiée l'esquisse de votre pièce.
Ajoutez-y vos meubles et appareils afin de les intégrer à votre pièce.

Les travaux de rénovation

Indiquez vos projets de rénovation, vous pourrez compléter cette partie au fur et à mesure de vos rénovations, vous garderez ainsi un historique de vos transformations et le coût associé.

A la fin de chaque partie vous trouverez un espace pour la prise de notes, ainsi qu'une vision budgétaire globale par pièce de la maison.
Vous aurez la possibilité de stocker vos factures et bons de garantie ainsi que les photos de vos rénovations.

Le chapitre dédié à l'entretien vous servira pour répertorier les contacts de vos prestataires et de noter pour chaque année les entretiens à prévoir et les coûts associés.

Bons travaux !

Sommaire

Salle à Manger	1
Salon	15
Cuisine	28
Chambre 1	50
Chambre 2	63
Chambre 3	76
Chambre 4	89
Chambre 5	102
Chambre 6	115
Salle de bains 1	128
Salle de bains 2	141
Salle de bains 3	154
Salle de bains 4	167
Salle de bains 5	180
Salle de bains 6	193
Dressing	206
Buanderie	217
Hall d'entrée	229
Sous-Sol	241
Couloir 1	252
Couloir 2	262
Escalier 1	272
Escalier 2	282
WC Indépendants 1	292
WC Indépendants 2	303
WC Indépendants 3	314
Façade	325
Arrière de la maison	333
Garage	341
Jardin	352
Terrasse	361
Entretien de la Maison	368

Salle à manger

Dimensions de la salle à manger

Longueur _____

Largeur _____

Hauteur _____

m2 _____

Croquis de la salle à manger

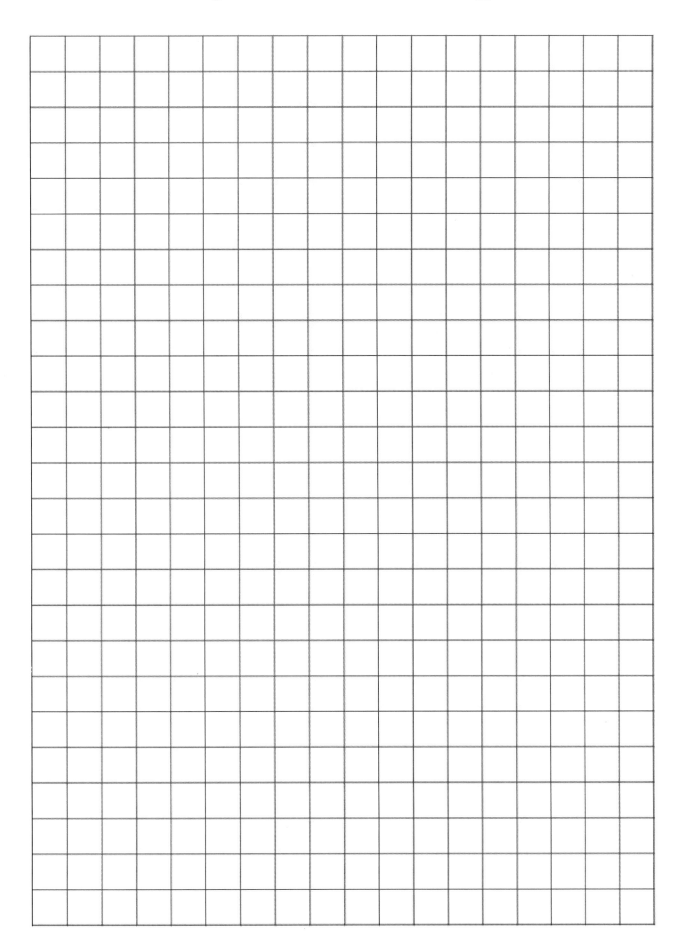

Revêtement de sol

Fabriquant _____

Matériaux _____

Couleurs _____

Dimensions _____

Garantie (durée/coordonées) _____

Année d'achat _____

Achat effectué chez _____

Prix d'achat _____

Revêtement mural

Fabriquant _____

Matériaux _____

Couleurs _____

Dimensions _____

Année d'achat _____

Achat effectué chez _____

Prix d'achat _____

Porte 1

Fabriquant ⎯⎯⎯⎯⎯⎯⎯⎯⎯⎯⎯⎯⎯⎯⎯⎯⎯⎯⎯⎯⎯⎯⎯⎯⎯⎯⎯⎯⎯⎯⎯

Matériaux ⎯⎯⎯⎯⎯⎯⎯⎯⎯⎯⎯⎯⎯⎯⎯⎯⎯⎯⎯⎯⎯⎯⎯⎯⎯⎯⎯⎯⎯⎯⎯

Couleurs ⎯⎯⎯⎯⎯⎯⎯⎯⎯⎯⎯⎯⎯⎯⎯⎯⎯⎯⎯⎯⎯⎯⎯⎯⎯⎯⎯⎯⎯⎯⎯⎯

Dimensions ⎯⎯⎯⎯⎯⎯⎯⎯⎯⎯⎯⎯⎯⎯⎯⎯⎯⎯⎯⎯⎯⎯⎯⎯⎯⎯⎯⎯⎯⎯

Année d'achat ⎯⎯⎯⎯⎯⎯⎯⎯⎯⎯⎯⎯⎯⎯⎯⎯⎯⎯⎯⎯⎯⎯⎯⎯⎯⎯⎯

Achat effectué chez ⎯⎯⎯⎯⎯⎯⎯⎯⎯⎯⎯⎯⎯⎯⎯⎯⎯⎯⎯⎯⎯⎯⎯

Prix d'achat ⎯⎯⎯⎯⎯⎯⎯⎯⎯⎯⎯⎯⎯⎯⎯⎯⎯⎯⎯⎯⎯⎯⎯⎯⎯⎯⎯⎯

Porte 2

Fabriquant ⎯⎯⎯⎯⎯⎯⎯⎯⎯⎯⎯⎯⎯⎯⎯⎯⎯⎯⎯⎯⎯⎯⎯⎯⎯⎯⎯⎯⎯⎯⎯

Matériaux ⎯⎯⎯⎯⎯⎯⎯⎯⎯⎯⎯⎯⎯⎯⎯⎯⎯⎯⎯⎯⎯⎯⎯⎯⎯⎯⎯⎯⎯⎯⎯

Couleurs ⎯⎯⎯⎯⎯⎯⎯⎯⎯⎯⎯⎯⎯⎯⎯⎯⎯⎯⎯⎯⎯⎯⎯⎯⎯⎯⎯⎯⎯⎯⎯⎯

Dimensions ⎯⎯⎯⎯⎯⎯⎯⎯⎯⎯⎯⎯⎯⎯⎯⎯⎯⎯⎯⎯⎯⎯⎯⎯⎯⎯⎯⎯⎯⎯

Année d'achat ⎯⎯⎯⎯⎯⎯⎯⎯⎯⎯⎯⎯⎯⎯⎯⎯⎯⎯⎯⎯⎯⎯⎯⎯⎯⎯⎯

Achat effectué chez ⎯⎯⎯⎯⎯⎯⎯⎯⎯⎯⎯⎯⎯⎯⎯⎯⎯⎯⎯⎯⎯⎯⎯

Prix d'achat ⎯⎯⎯⎯⎯⎯⎯⎯⎯⎯⎯⎯⎯⎯⎯⎯⎯⎯⎯⎯⎯⎯⎯⎯⎯⎯⎯⎯

Porte 3

Fabriquant ─────────────────────────────

Matériaux ─────────────────────────────

Couleurs ─────────────────────────────

Dimensions ─────────────────────────────

Année d'achat ─────────────────────────────

Achat effectué chez ─────────────────────────────

Prix d'achat ─────────────────────────────

Fenêtre 1

Fabriquant _____

Type ☐ Classique   ☐ Coulissante   ☐ Oscillo-battante   ☐ Bandeau

Matériaux ☐ Bois   ☐ Alluminium   ☐ PVC

Dimensions _____

Année d'achat _____

Achat effectué chez _____

Garantie (durée/coordonées) _____

Prix d'achat _____

Volet - Fenêtre 1

Fabriquant _____

Type ☐ Batant   ☐ Roulant   ☐ Roulant Electrique

Modèle _____

Dimensions _____

Année d'achat _____

Achat effectué chez _____

Garantie (durée/coordonées) _____

Prix d'achat _____

Fenêtre 2

Fabriquant _____

Type ☐ Classique ☐ Coulissante ☐ Oscillo-battante ☐ Bandeau

Matériaux ☐ Bois ☐ Alluminium ☐ PVC

Dimensions _____

Année d'achat _____

Achat effectué chez _____

Garantie (durée/coordonées) _____

Prix d'achat _____

Volet - Fenêtre 2

Fabriquant _____

Type ☐ Batant ☐ Roulant ☐ Roulant Electrique

Modèle _____

Dimensions _____

Année d'achat _____

Achat effectué chez _____

Garantie (durée/coordonées) _____

Prix d'achat _____

Fenêtre 3

Fabriquant _____

Type ☐ Classique ☐ Coulissante ☐ Oscillo-battante ☐ Bandeau

Matériaux ☐ Bois ☐ Alluminium ☐ PVC

Dimensions _____

Année d'achat _____

Achat effectué chez _____

Garantie (durée/coordonées) _____

Prix d'achat _____

Volet - Fenêtre 3

Fabriquant _____

Type ☐ Batant ☐ Roulant ☐ Roulant Electrique

Modèle _____

Dimensions _____

Année d'achat _____

Achat effectué chez _____

Garantie (durée/coordonées) _____

Prix d'achat _____

Eclairage 1

Fabriquant _____

Modèle _____

Emplacement _____

Dimensions _____

Nb d'ampoules/ Watt _____

Année d'achat _____

Achat effectué chez _____

Prix d'achat _____

Eclairage 2

Fabriquant _____

Modèle _____

Emplacement _____

Dimensions _____

Nb d'ampoules/ Watt _____

Année d'achat _____

Achat effectué chez _____

Prix d'achat _____

Radiateurs

Fabriquant _____

Modèle _____

Emplacement _____

Dimensions _____

Nb _____

Année d'achat _____

Achat effectué chez _____

Prix d'achat _____

Cheminée

Fabriquant _____

Modèle _____

Dimensions _____

Type de foyer ☐ Ouvert ☐ Fermé

Année d'achat _____

Achat effectué chez _____

Garantie (durée/coordonées) _____

Prix d'achat _____

Notes

Budget - Salle à manger
Aménagement & travaux

Total	

Factures / Garanties

Collez-ici les copies de vos factures et bons de garanties

Photos

Collez- ici les photos de votre salle à manger à votre arrivée, ainsi que les différentes étapes des travaux éffectués

Salon

Dimensions du salon

Longueur _____

Largeur _____

Hauteur _____

m2 _____

Croquis du salon

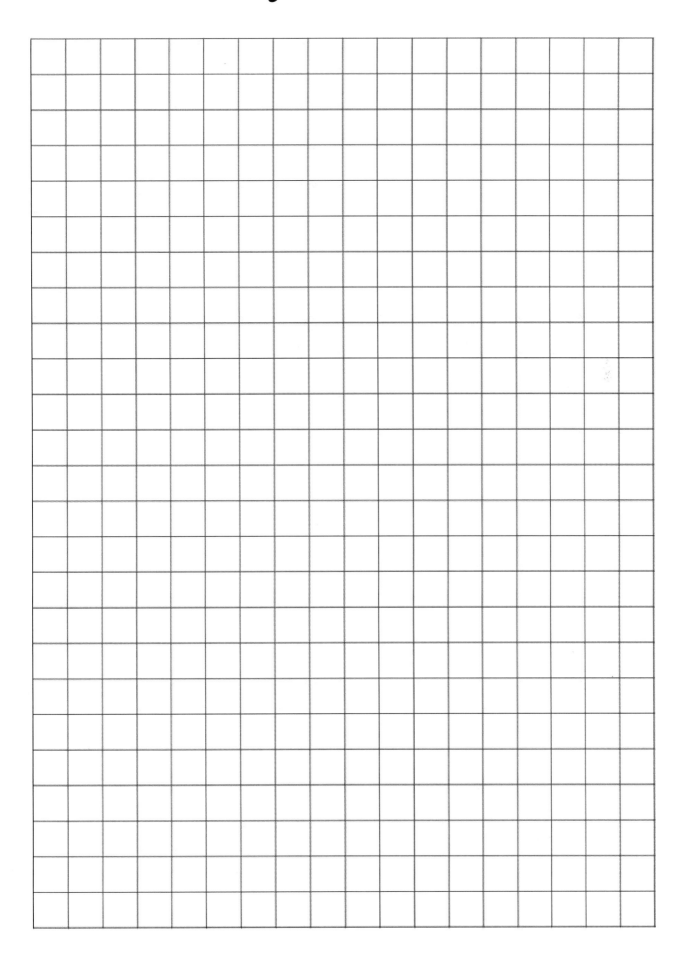

Revêtement de sol

Fabriquant _____

Matériaux _____

Couleurs _____

Dimensions _____

Garantie (durée/coordonées) _____

Année d'achat _____

Achat effectué chez _____

Prix d'achat _____

Revêtement mural

Fabriquant _____

Matériaux _____

Couleurs _____

Dimensions _____

Année d'achat _____

Achat effectué chez _____

Prix d'achat _____

Porte 1

Fabriquant _____

Matériaux _____

Couleurs _____

Dimensions _____

Année d'achat _____

Achat effectué chez _____

Prix d'achat _____

Porte 2

Fabriquant _____

Matériaux _____

Couleurs _____

Dimensions _____

Année d'achat _____

Achat effectué chez _____

Prix d'achat _____

Fenêtre 1

Fabriquant _____

Type ☐ Classique ☐ Coulissante ☐ Oscillo-battante ☐ Bandeau

Matériaux ☐ Bois ☐ Alluminium ☐ PVC

Dimensions _____

Année d'achat _____

Achat effectué chez _____

Garantie (durée/coordonées) _____

Prix d'achat _____

Volet - Fenêtre 1

Fabriquant _____

Type ☐ Batant ☐ Roulant ☐ Roulant Electrique

Modèle _____

Dimensions _____

Année d'achat _____

Achat effectué chez _____

Garantie (durée/coordonées) _____

Prix d'achat _____

Fenêtre 2

Fabriquant _____

Type ☐ Classique ☐ Coulissante ☐ Oscillo-battante ☐ Bandeau

Matériaux ☐ Bois ☐ Alluminium ☐ PVC

Dimensions _____

Année d'achat _____

Achat effectué chez _____

Garantie (durée/coordonées) _____

Prix d'achat _____

Volet - Fenêtre 2

Fabriquant _____

Type ☐ Batant ☐ Roulant ☐ Roulant Electrique

Modèle _____

Dimensions _____

Année d'achat _____

Achat effectué chez _____

Garantie (durée/coordonées) _____

Prix d'achat _____

Fenêtre 3

Fabriquant _____

Type   ☐ Classique   ☐ Coulissante   ☐ Oscillo-battante   ☐ Bandeau

Matériaux   ☐ Bois   ☐ Alluminium   ☐ PVC

Dimensions _____

Année d'achat _____

Achat effectué chez _____

Garantie (durée/coordonées) _____

Prix d'achat _____

Volet - Fenêtre 3

Fabriquant _____

Type   ☐ Batant   ☐ Roulant   ☐ Roulant Electrique

Modèle _____

Dimensions _____

Année d'achat _____

Achat effectué chez _____

Garantie (durée/coordonées) _____

Prix d'achat _____

Eclairage 1

Fabriquant ───────────────────────────────

Modèle ───────────────────────────────

Emplacement ───────────────────────────────

Dimensions ───────────────────────────────

Nb d'ampoules/ Watt ───────────────────────────────

Année d'achat ───────────────────────────────

Achat effectué chez ───────────────────────────────

Prix d'achat ───────────────────────────────

Eclairage 2

Fabriquant ───────────────────────────────

Modèle ───────────────────────────────

Emplacement ───────────────────────────────

Dimensions ───────────────────────────────

Nb d'ampoules/ Watt ───────────────────────────────

Année d'achat ───────────────────────────────

Achat effectué chez ───────────────────────────────

Prix d'achat ───────────────────────────────

Radiateurs

Fabriquant _____

Modèle _____

Emplacement _____

Dimensions _____

Nb _____

Année d'achat _____

Achat effectué chez _____

Prix d'achat _____

Cheminée

Fabriquant _____

Modèle _____

Dimensions _____

Type de foyer ☐ Ouvert   ☐ Fermé

Année d'achat _____

Achat effectué chez _____

Garantie (durée/coordonées) _____

Prix d'achat _____

Notes

Budget - Salon
Aménagement & travaux

Total

Factures / Garanties

Collez-ici les copies de vos factures et bons de garanties

Photos

Collez - ici les photos de votre salon à votre arrivée, ainsi que les différentes étapes des travaux éffectués

Cuisine

Dimensions de la cuisine

Longueur _____

Largeur _____

Hauteur _____

m2 _____

Croquis de la cuisine

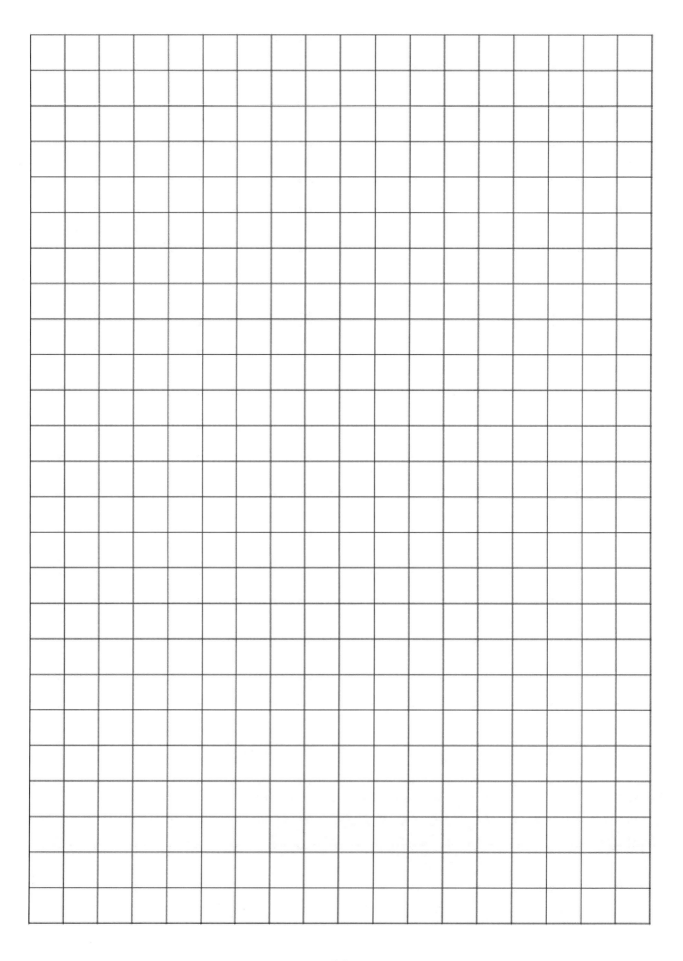

Cuisiniste / Installateur

Enseigne _____

Coordonnées _____

Année d'achat _____

Garantie (durée/coordonées) _____

Prix global _____

Réfrigérateur 1

Fabriquant _____

Modèle _____

Dimensions _____

Année d'achat _____

Garantie (durée/coordonées) _____

Volume _____

Classe énergétique _____

Achat effectué chez _____

Prix d'achat _____

Réfrigérateur 2

Fabriquant ─────────────────────────────

Modèle ───────────────────────────────

Dimensions ───────────────────────────

Année d'achat ────────────────────────

Garantie (durée/coordonées) ──────────

Volume ───────────────────────────────

Classe énergétique ───────────────────

Achat effectué chez ──────────────────

Prix d'achat ─────────────────────────

Lave-vaisselle

Fabriquant ───────────────────────────

Modèle ───────────────────────────────

Dimensions ───────────────────────────

Année d'achat ────────────────────────

Garantie (durée/coordonées) ──────────

Achat effectué chez ──────────────────

Prix d'achat ─────────────────────────

Plaques de cuisson

Fabriquant _____

Modèle _____

Dimensions _____

Année d'achat _____

Garantie (durée/coordonées) _____

Type ☐ Gaz ☐ Vitrocéramique ☐ Induction ☐ Electrique

Achat effectué chez _____

Prix d'achat _____

Hotte aspirante

Fabriquant _____

Modèle _____

Dimensions _____

Année d'achat _____

Garantie (durée/coordonées) _____

Type ☐ Extraction ☐ Recyclage

Achat effectué chez _____

Prix d'achat _____

Four à Micro-ondes

Fabriquant _____

Modèle _____

Dimensions _____

Année d'achat _____

Garantie (durée/coordonées) _____

Type ☐ **Monofonction** ☐ **Grill** ☐ **Multifonction**

Achat effectué chez _____

Prix d'achat _____

Four

Fabriquant _____

Modèle _____

Dimensions _____

Année d'achat _____

Garantie (durée/coordonées) _____

Type de chaleur ☐ Convection ☐ Air brassé ☐ Chaleur tournante ☐ Vapeur

Achat effectué chez _____

Prix d'achat _____

Piano de cuisson

Fabriquant _____

Modèle _____

Dimensions _____

Année d'achat _____

Garantie (durée/coordonées) _____

Type ☐ Gaz ☐ Vitrocéramique ☐ Induction

Achat effectué chez _____

Prix d'achat _____

Evier

Fabriquant _____

Modèle _____

Dimensions _____

Année d'achat _____

Garantie (durée/coordonées) _____

Type ☐ Encastrable ☐ A poser ☐ Timbre d'office ☐ Bac à laver

Matériaux ☐ Inox ☐ Grès ☐ Céramique ☐ Granit ☐ Quartz ☐ Résine

Achat effectué chez _____

Prix d'achat _____

Robinet

Fabriquant _____

Modèle _____

Année d'achat _____

Garantie (durée/coordonées) _____

Type ☐ Mélangeur ☐ Mitigeur ☐ Douchette

Achat effectué chez _____

Prix d'achat _____

Meubles de cuisine

Fabriquant ─────────────────────────

Matériaux ─────────────────────────

Année d'achat ─────────────────────────

Garantie (durée/coordonées) ─────────────────────

Achat effectué chez ─────────────────────────

Prix d'achat ─────────────────────────

Plan de travail

Fabriquant ─────────────────────────

Matériaux ─────────────────────────

Dimensions ─────────────────────────

Année d'achat ─────────────────────────

Garantie (durée/coordonées) ─────────────────────

Achat effectué chez ─────────────────────────

Prix d'achat ─────────────────────────

Comptoire & Îlot

Fabriquant _____

Matériaux _____

Dimensions _____

Année d'achat _____

Garantie (durée/coordonées) _____

Achat effectué chez _____

Prix d'achat _____

Crédence

Fabriquant _____

Matériaux _____

Motifs _____

Dimensions _____

Année d'achat _____

Achat effectué chez _____

Prix d'achat _____

Revêtement de sol

Fabriquant _____

Matériaux _____

Couleurs _____

Dimensions _____

Année d'achat _____

Achat effectué chez _____

Prix d'achat _____

Revêtement mural

Fabriquant _____

Matériaux _____

Couleurs _____

Dimensions _____

Année d'achat _____

Achat effectué chez _____

Prix d'achat _____

Radiateurs

Fabriquant _____

Modèle _____

Emplacement _____

Dimensions _____

Nb _____

Année d'achat _____

Achat effectué chez _____

Prix d'achat _____

Porte 1

Fabriquant _____

Matériaux _____

Couleurs _____

Dimensions _____

Année d'achat _____

Achat effectué chez _____

Prix d'achat _____

Porte 2

Fabriquant _____

Matériaux _____

Couleurs _____

Dimensions _____

Année d'achat _____

Achat effectué chez _____

Prix d'achat _____

Fenêtre 1

Fabriquant _____

Type ☐ Classique ☐ Coulissante ☐ Oscillo-battante ☐ Bandeau

Matériaux ☐ Bois ☐ Alluminium ☐ PVC

Dimensions _____

Année d'achat _____

Achat effectué chez _____

Garantie (durée/coordonées) _____

Prix d'achat _____

Volet - Fenêtre 1

Fabriquant _____

Type ☐ Batant ☐ Roulant ☐ Roulant Electrique

Modèle _____

Dimensions _____

Année d'achat _____

Achat effectué chez _____

Garantie (durée/coordonées) _____

Prix d'achat _____

Fenêtre 2

Fabriquant _____

Type ☐ Classique ☐ Coulissante ☐ Oscillo-battante ☐ Bandeau

Matériaux ☐ Bois ☐ Alluminium ☐ PVC

Dimensions _____

Année d'achat _____

Achat effectué chez _____

Garantie (durée/coordonées) _____

Prix d'achat _____

Volet - Fenêtre 2

Fabriquant _____

Type ☐ Batant ☐ Roulant ☐ Roulant Electrique

Modèle _____

Dimensions _____

Année d'achat _____

Achat effectué chez _____

Garantie (durée/coordonées) _____

Prix d'achat _____

Fenêtre 3

Fabriquant _____

Type ☐ Classique ☐ Coulissante ☐ Oscillo-battante ☐ Bandeau

Matériaux ☐ Bois ☐ Alluminium ☐ PVC

Dimensions _____

Année d'achat _____

Achat effectué chez _____

Garantie (durée/coordonées) _____

Prix d'achat _____

Volet - Fenêtre 3

Fabriquant _____

Type ☐ Batant   ☐ Roulant   ☐ Roulant Electrique

Modèle _____

Dimensions _____

Année d'achat _____

Achat effectué chez _____

Garantie (durée/coordonées) _____

Prix d'achat _____

Eclairage 1

Fabriquant _____

Modèle _____

Emplacement _____

Dimensions _____

Nb d'ampoules/ Watt _____

Année d'achat _____

Achat effectué chez _____

Prix d'achat _____

Eclairage 2

Fabriquant _____

Modèle _____

Emplacement _____

Dimensions _____

Nb d'ampoules/ Watt _____

Année d'achat _____

Achat effectué chez _____

Prix d'achat _____

Eclairage 3

Fabriquant _____

Modèle _____

Emplacement _____

Dimensions _____

Nb d'ampoules/ Watt _____

Année d'achat _____

Achat effectué chez _____

Prix d'achat _____

Eclairage 4

Fabriquant _____

Modèle _____

Emplacement _____

Dimensions _____

Nb d'ampoules/ Watt _____

Année d'achat _____

Achat effectué chez _____

Prix d'achat _____

Eclairage 5

Fabriquant _____

Modèle _____

Emplacement _____

Dimensions _____

Nb d'ampoules/ Watt _____

Année d'achat _____

Achat effectué chez _____

Prix d'achat _____

Notes

Budget - Cuisine
Aménagement & travaux

Total	

Factures / Garanties

Collez-ici les copies de vos factures et bons de garanties

Photos

Collez - ici les photos de votre cuisine à votre arrivée, ainsi que les différentes étapes des travaux éffectués

Chambre 1

La chambre de _____

Dimensions de la chambre 1

Longueur _____

Largeur _____

Hauteur _____

m2 _____

Croquis de la chambre 1

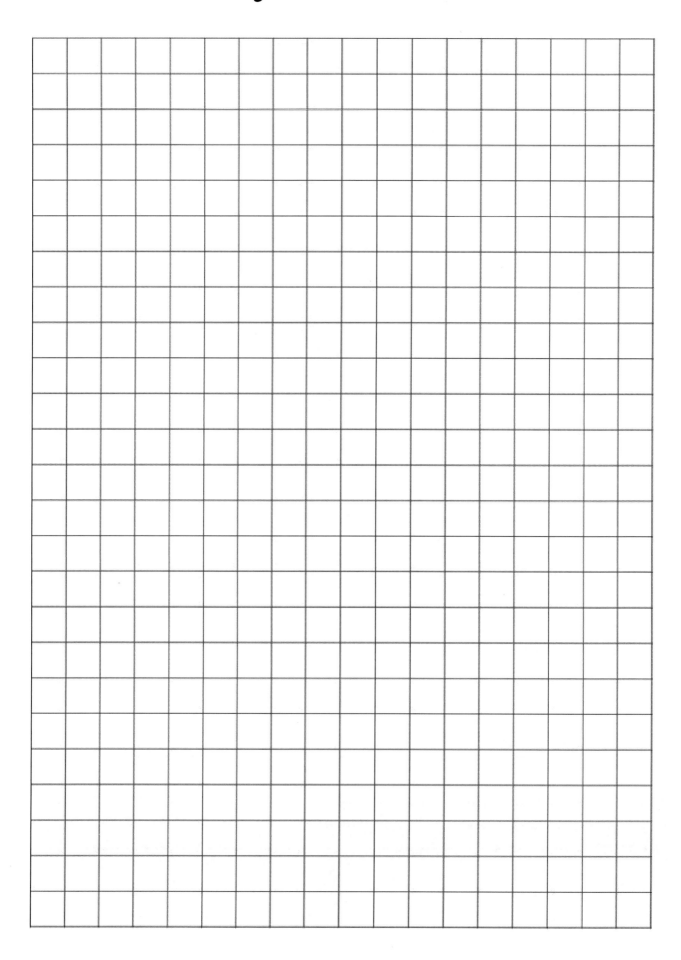

Revêtement de sol

Fabriquant _____

Matériaux _____

Couleurs _____

Dimensions _____

Garantie (durée/coordonées) _____

Année d'achat _____

Achat effectué chez _____

Prix d'achat _____

Revêtement mural

Fabriquant _____

Matériaux _____

Couleurs _____

Dimensions _____

Année d'achat _____

Achat effectué chez _____

Prix d'achat _____

Porte 1

Fabriquant _____

Matériaux _____

Couleurs _____

Dimensions _____

Année d'achat _____

Achat effectué chez _____

Prix d'achat _____

Porte 2

Fabriquant _____

Matériaux _____

Couleurs _____

Dimensions _____

Année d'achat _____

Achat effectué chez _____

Prix d'achat _____

Fenêtre 1

Fabriquant _____

Type ☐ Classique ☐ Coulissante ☐ Oscillo-battante ☐ Bandeau

Matériaux ☐ Bois ☐ Alluminium ☐ PVC

Dimensions _____

Année d'achat _____

Achat effectué chez _____

Garantie (durée/coordonées) _____

Prix d'achat _____

Volet - Fenêtre 1

Fabriquant _____

Type ☐ Batant ☐ Roulant ☐ Roulant Electrique

Modèle _____

Dimensions _____

Année d'achat _____

Achat effectué chez _____

Garantie (durée/coordonées) _____

Prix d'achat _____

Fenêtre 2

Fabriquant _____

Type ☐ Classique ☐ Coulissante ☐ Oscillo-battante ☐ Bandeau

Matériaux ☐ Bois ☐ Alluminium ☐ PVC

Dimensions _____

Année d'achat _____

Achat effectué chez _____

Garantie (durée/coordonées) _____

Prix d'achat _____

Volet - Fenêtre 2

Fabriquant _____

Type ☐ Batant ☐ Roulant ☐ Roulant Electrique

Modèle _____

Dimensions _____

Année d'achat _____

Achat effectué chez _____

Garantie (durée/coordonées) _____

Prix d'achat _____

Fenêtre 3

Fabriquant _____

Type ☐ Classique ☐ Coulissante ☐ Oscillo-battante ☐ Bandeau

Matériaux ☐ Bois ☐ Alluminium ☐ PVC

Dimensions _____

Année d'achat _____

Achat effectué chez _____

Garantie (durée/coordonées) _____

Prix d'achat _____

Volet - Fenêtre 3

Fabriquant _____

Type ☐ Batant ☐ Roulant ☐ Roulant Electrique

Modèle _____

Dimensions _____

Année d'achat _____

Achat effectué chez _____

Garantie (durée/coordonées) _____

Prix d'achat _____

Eclairage 1

Fabriquant _____

Modèle _____

Emplacement _____

Dimensions _____

Nb d'ampoules/ Watt _____

Année d'achat _____

Achat effectué chez _____

Prix d'achat _____

Radiateurs

Fabriquant _____

Modèle _____

Emplacement _____

Dimensions _____

Nb _____

Année d'achat _____

Achat effectué chez _____

Prix d'achat _____

Eclairage 2

Fabriquant _____

Modèle _____

Emplacement _____

Dimensions _____

Nb d'ampoules/ Watt _____

Année d'achat _____

Achat effectué chez _____

Prix d'achat _____

Cheminée

Fabriquant _____

Modèle _____

Dimensions _____

Type de foyer ☐ Ouvert ☐ Fermé

Année d'achat _____

Achat effectué chez _____

Garantie (durée/coordonées) _____

Prix d'achat _____

Notes

Budget - Chambre 1
Aménagement & travaux

Total

Factures / Garanties

Collez-ici les copies de vos factures et bons de garanties

Photos

Collez- ici les photos de la chambre 1 à votre arrivée, ainsi que les différentes étapes des travaux éffectués

Chambre 2

La chambre de _____

Dimensions de la chambre 2

Longueur _____

Largeur _____

Hauteur _____

m2 _____

Croquis de la chambre 2

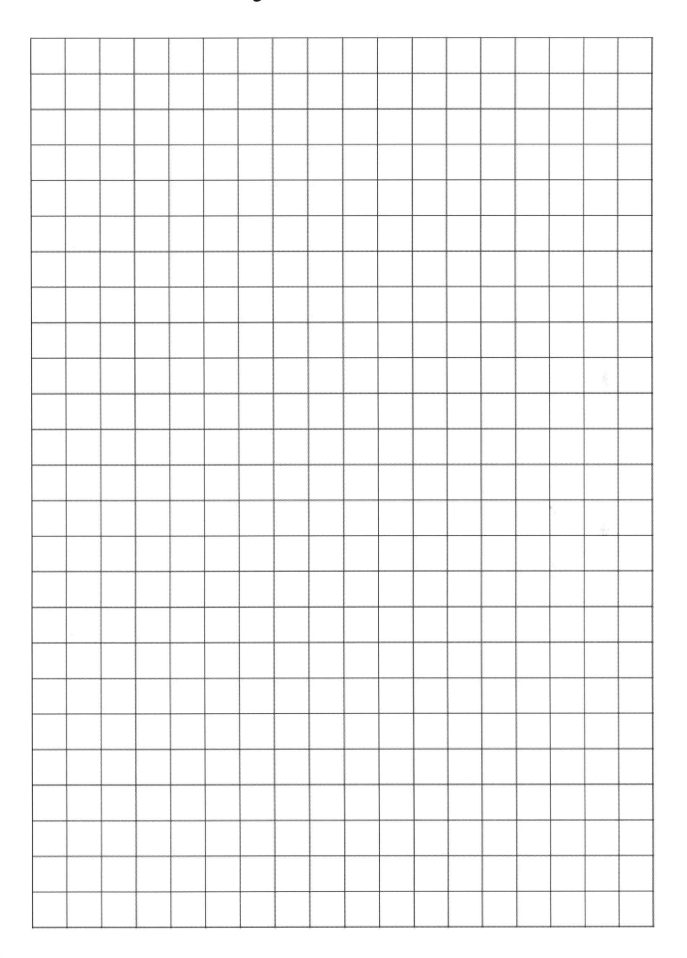

Revêtement de sol

Fabriquant ───────────────────────────

Matériaux ───────────────────────────

Couleurs ───────────────────────────

Dimensions ───────────────────────────

Garantie (durée/coordonées) ───────────────

Année d'achat ───────────────────────────

Achat effectué chez ───────────────────────

Prix d'achat ───────────────────────────

Revêtement mural

Fabriquant ───────────────────────────

Matériaux ───────────────────────────

Couleurs ───────────────────────────

Dimensions ───────────────────────────

Année d'achat ───────────────────────────

Achat effectué chez ───────────────────────

Prix d'achat ───────────────────────────

Porte 1

Fabriquant _____

Matériaux _____

Couleurs _____

Dimensions _____

Année d'achat _____

Achat effectué chez _____

Prix d'achat _____

Porte 2

Fabriquant _____

Matériaux _____

Couleurs _____

Dimensions _____

Année d'achat _____

Achat effectué chez _____

Prix d'achat _____

Fenêtre 1

Fabriquant _____

Type ☐ Classique ☐ Coulissante ☐ Oscillo-battante ☐ Bandeau

Matériaux ☐ Bois ☐ Alluminium ☐ PVC

Dimensions _____

Année d'achat _____

Achat effectué chez _____

Garantie (durée/coordonées) _____

Prix d'achat _____

Volet - Fenêtre 1

Fabriquant _____

Type ☐ Batant ☐ Roulant ☐ Roulant Electrique

Modèle _____

Dimensions _____

Année d'achat _____

Achat effectué chez _____

Garantie (durée/coordonées) _____

Prix d'achat _____

Fenêtre 2

Fabriquant _____

Type ☐ Classique ☐ Coulissante ☐ Oscillo-battante ☐ Bandeau

Matériaux ☐ Bois ☐ Alluminium ☐ PVC

Dimensions _____

Année d'achat _____

Achat effectué chez _____

Garantie (durée/coordonées) _____

Prix d'achat _____

Volet - Fenêtre 2

Fabriquant _____

Type ☐ Batant ☐ Roulant ☐ Roulant Electrique

Modèle _____

Dimensions _____

Année d'achat _____

Achat effectué chez _____

Garantie (durée/coordonées) _____

Prix d'achat _____

Fenêtre 3

Fabriquant _____

Type ☐ Classique ☐ Coulissante ☐ Oscillo-battante ☐ Bandeau

Matériaux ☐ Bois ☐ Alluminium ☐ PVC

Dimensions _____

Année d'achat _____

Achat effectué chez _____

Garantie (durée/coordonées) _____

Volet - Fenêtre 3

Fabriquant _____

Type ☐ Batant ☐ Roulant ☐ Roulant Electrique

Modèle _____

Dimensions _____

Année d'achat _____

Achat effectué chez _____

Garantie (durée/coordonées) _____

Prix d'achat _____

Eclairage 1

Fabriquant _____

Modèle _____

Emplacement _____

Dimensions _____

Nb d'ampoules/ Watt _____

Année d'achat _____

Achat effectué chez _____

Prix d'achat _____

Eclairage 2

Fabriquant _____

Modèle _____

Emplacement _____

Dimensions _____

Nb d'ampoules/ Watt _____

Année d'achat _____

Achat effectué chez _____

Prix d'achat _____

Radiateurs

Fabriquant ───────────────────────────

Modèle ───────────────────────────

Emplacement ───────────────────────────

Dimensions ───────────────────────────

Nb ───────────────────────────

Année d'achat ───────────────────────────

Achat effectué chez ───────────────────────────

Prix d'achat ───────────────────────────

Cheminée

Fabriquant ───────────────────────────

Modèle ───────────────────────────

Dimensions ───────────────────────────

Type de foyer ☐ Ouvert   ☐ Fermé

Année d'achat ───────────────────────────

Achat effectué chez ───────────────────────────

Garantie (durée/coordonées) ───────────────────────────

Prix d'achat ───────────────────────────

Notes

Budget - Chambre 2
Aménagement & travaux

Total

Factures / Garanties

Collez-ici les copies de vos factures et bons de garanties

Photos

Collez- ici les photos de la chambre 2 à votre arrivée, ainsi que les différentes étapes des travaux éffectués

Chambre 3

La chambre de _____

Dimensions de la chambre 3

Longueur _____

Largeur _____

Hauteur _____

m2 _____

Croquis de la chambre 3

Revêtement de sol

Fabriquant ───────────────────────────────

Matériaux ───────────────────────────────

Couleurs ───────────────────────────────

Dimensions ───────────────────────────────

Garantie (durée/coordonées) ──────────────────────

Année d'achat ───────────────────────────────

Achat effectué chez ──────────────────────────

Prix d'achat ───────────────────────────────

Revêtement mural

Fabriquant ───────────────────────────────

Matériaux ───────────────────────────────

Couleurs ───────────────────────────────

Dimensions ───────────────────────────────

Année d'achat ───────────────────────────────

Achat effectué chez ──────────────────────────

Prix d'achat ───────────────────────────────

Porte 1

Fabriquant ───────────────────────

Matériaux ───────────────────────

Couleurs ───────────────────────

Dimensions ───────────────────────

Année d'achat ───────────────────────

Achat effectué chez ───────────────────────

Prix d'achat ───────────────────────

Porte 2

Fabriquant ───────────────────────

Matériaux ───────────────────────

Couleurs ───────────────────────

Dimensions ───────────────────────

Année d'achat ───────────────────────

Achat effectué chez ───────────────────────

Prix d'achat ───────────────────────

Fenêtre 1

Fabriquant _____

Type ☐ Classique ☐ Coulissante ☐ Oscillo-battante ☐ Bandeau

Matériaux ☐ Bois ☐ Alluminium ☐ PVC

Dimensions _____

Année d'achat _____

Achat effectué chez _____

Garantie (durée/coordonées) _____

Prix d'achat _____

Volet - Fenêtre 1

Fabriquant _____

Type ☐ Batant ☐ Roulant ☐ Roulant Electrique

Modèle _____

Dimensions _____

Année d'achat _____

Achat effectué chez _____

Garantie (durée/coordonées) _____

Prix d'achat _____

Fenêtre 2

Fabriquant _____

Type ☐ Classique ☐ Coulissante ☐ Oscillo-battante ☐ Bandeau

Matériaux ☐ Bois ☐ Alluminium ☐ PVC

Dimensions _____

Année d'achat _____

Achat effectué chez _____

Garantie (durée/coordonées) _____

Prix d'achat _____

Volet - Fenêtre 2

Fabriquant _____

Type ☐ Batant ☐ Roulant ☐ Roulant Electrique

Modèle _____

Dimensions _____

Année d'achat _____

Achat effectué chez _____

Garantie (durée/coordonées) _____

Prix d'achat _____

Fenêtre 3

Fabriquant _____

Type ☐ Classique ☐ Coulissante ☐ Oscillo-battante ☐ Bandeau

Matériaux ☐ Bois ☐ Alluminium ☐ PVC

Dimensions _____

Année d'achat _____

Achat effectué chez _____

Garantie (durée/coordonées) _____

Prix d'achat _____

Volet - Fenêtre 3

Fabriquant _____

Type ☐ Batant ☐ Roulant ☐ Roulant Electrique

Modèle _____

Dimensions _____

Année d'achat _____

Achat effectué chez _____

Garantie (durée/coordonées) _____

Prix d'achat _____

Eclairage 1

Fabriquant _____

Modèle _____

Emplacement _____

Dimensions _____

Nb d'ampoules/ Watt _____

Année d'achat _____

Achat effectué chez _____

Eclairage 2

Fabriquant _____

Modèle _____

Emplacement _____

Dimensions _____

Nb d'ampoules/ Watt _____

Année d'achat _____

Achat effectué chez _____

Prix d'achat _____

Radiateurs

Fabriquant _____

Modèle _____

Emplacement _____

Dimensions _____

Nb _____

Année d'achat _____

Achat effectué chez _____

Prix d'achat _____

Cheminée

Fabriquant _____

Modèle _____

Dimensions _____

Type de foyer ☐ Ouvert ☐ Fermé

Année d'achat _____

Achat effectué chez _____

Garantie (durée/coordonées) _____

Prix d'achat _____

Notes

Budget - Chambre 3
Aménagement & travaux

Total

Factures / Garanties

Collez-ici les copies de vos factures et bons de garanties

Photos

Collez - ici les photos de la chambre 3 à votre arrivée, ainsi que les différentes étapes des travaux éffectués

Chambre 4

La chambre de _____

Dimensions de la chambre 4

Longueur _____

Largeur _____

Hauteur _____

m2 _____

Croquis de la chambre 4

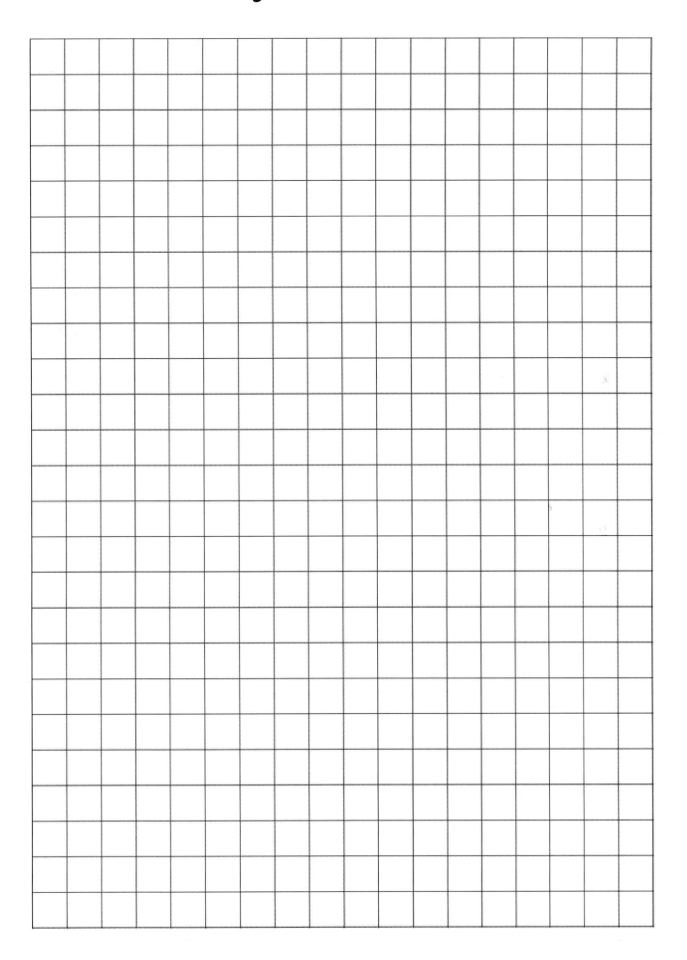

Revêtement de sol

Fabriquant _____

Matériaux _____

Couleurs _____

Dimensions _____

Garantie (durée/coordonées) _____

Année d'achat _____

Achat effectué chez _____

Prix d'achat _____

Revêtement mural

Fabriquant _____

Matériaux _____

Couleurs _____

Dimensions _____

Année d'achat _____

Achat effectué chez _____

Prix d'achat _____

Porte 1

Fabriquant _____

Matériaux _____

Couleurs _____

Dimensions _____

Année d'achat _____

Achat effectué chez _____

Prix d'achat _____

Porte 2

Fabriquant _____

Matériaux _____

Couleurs _____

Dimensions _____

Année d'achat _____

Achat effectué chez _____

Prix d'achat _____

Fenêtre 1

Fabriquant _____

Type ☐ Classique ☐ Coulissante ☐ Oscillo-battante ☐ Bandeau

Matériaux ☐ Bois ☐ Alluminium ☐ PVC

Dimensions _____

Année d'achat _____

Achat effectué chez _____

Garantie (durée/coordonées) _____

Prix d'achat _____

Volet - Fenêtre 1

Fabriquant _____

Type ☐ Batant ☐ Roulant ☐ Roulant Electrique

Modèle _____

Dimensions _____

Année d'achat _____

Achat effectué chez _____

Garantie (durée/coordonées) _____

Prix d'achat _____

Fenêtre 2

Fabriquant _____

Type ☐ Classique ☐ Coulissante ☐ Oscillo-battante ☐ Bandeau

Matériaux ☐ Bois ☐ Alluminium ☐ PVC

Dimensions _____

Année d'achat _____

Achat effectué chez _____

Garantie (durée/coordonées) _____

Prix d'achat _____

Volet - Fenêtre 2

Fabriquant _____

Type ☐ Batant ☐ Roulant ☐ Roulant Electrique

Modèle _____

Dimensions _____

Année d'achat _____

Achat effectué chez _____

Garantie (durée/coordonées) _____

Prix d'achat _____

Fenêtre 3

Fabriquant _____

Type ☐ Classique ☐ Coulissante ☐ Oscillo-battante ☐ Bandeau

Matériaux ☐ Bois ☐ Alluminium ☐ PVC

Dimensions _____

Année d'achat _____

Achat effectué chez _____

Garantie (durée/coordonées) _____

Prix d'achat _____

Volet - Fenêtre 3

Fabriquant _____

Type ☐ Batant ☐ Roulant ☐ Roulant Electrique

Modèle _____

Dimensions _____

Année d'achat _____

Achat effectué chez _____

Garantie (durée/coordonées) _____

Prix d'achat _____

Eclairage 1

Fabriquant _____

Modèle _____

Emplacement _____

Dimensions _____

Nb d'ampoules/ Watt _____

Année d'achat _____

Achat effectué chez _____

Prix d'achat _____

Eclairage 2

Fabriquant _____

Modèle _____

Emplacement _____

Dimensions _____

Nb d'ampoules/ Watt _____

Année d'achat _____

Achat effectué chez _____

Prix d'achat _____

Radiateurs

Fabriquant _____

Modèle _____

Emplacement _____

Dimensions _____

Nb _____

Année d'achat _____

Achat effectué chez _____

Prix d'achat _____

Cheminée

Fabriquant _____

Modèle _____

Dimensions _____

Type de foyer ☐ Ouvert ☐ Fermé

Année d'achat _____

Achat effectué chez _____

Garantie (durée/coordonées) _____

Prix d'achat _____

Notes

Budget - Chambre 4
Aménagement & travaux

Total

Factures / Garanties

Collez-ici les copies de vos factures et bons de garanties

Photos

Collez-ici les photos de la chambre 4 à votre arrivée, ainsi que les différentes étapes des travaux éffectués

Chambre 5

La chambre de _____

Dimensions de la chambre 5

Longueur _____

Largeur _____

Hauteur _____

m2 _____

Croquis de la chambre 5

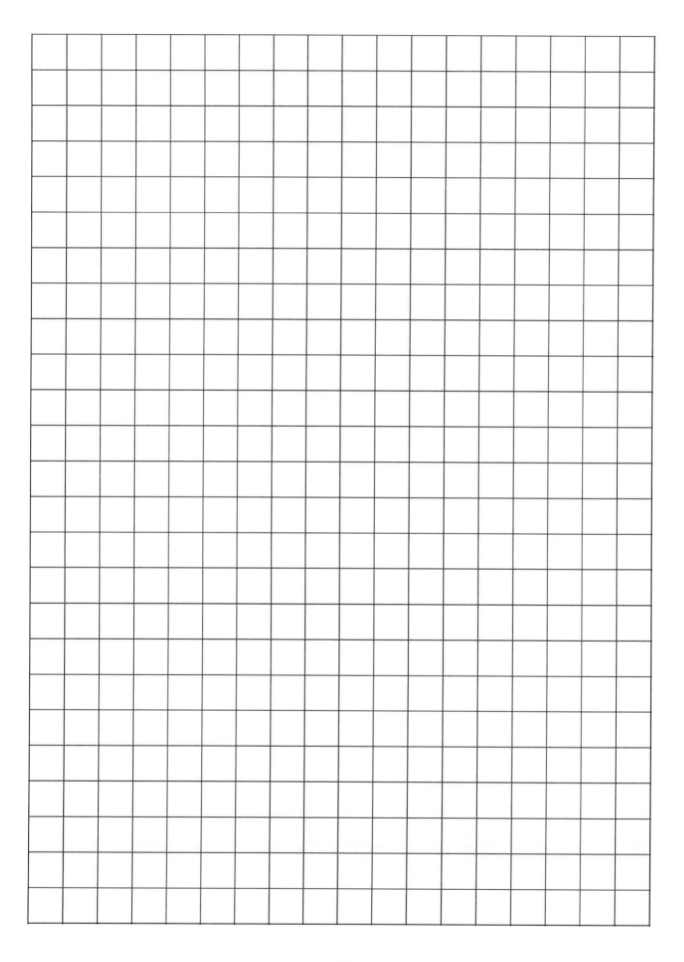

Revêtement de sol

Fabriquant _____

Matériaux _____

Couleurs _____

Dimensions _____

Garantie (durée/coordonées) _____

Année d'achat _____

Achat effectué chez _____

Prix d'achat _____

Revêtement mural

Fabriquant _____

Matériaux _____

Couleurs _____

Dimensions _____

Année d'achat _____

Achat effectué chez _____

Prix d'achat _____

Porte 1

Fabriquant ───────────────────────

Matériaux ───────────────────────

Couleurs ───────────────────────

Dimensions ───────────────────────

Année d'achat ───────────────────────

Achat effectué chez ───────────────────────

Prix d'achat ───────────────────────

Porte 2

Fabriquant ───────────────────────

Matériaux ───────────────────────

Couleurs ───────────────────────

Dimensions ───────────────────────

Année d'achat ───────────────────────

Achat effectué chez ───────────────────────

Prix d'achat ───────────────────────

Fenêtre 1

Fabriquant _____

Type ☐ Classique ☐ Coulissante ☐ Oscillo-battante ☐ Bandeau

Matériaux ☐ Bois ☐ Alluminium ☐ PVC

Dimensions _____

Année d'achat _____

Achat effectué chez _____

Garantie (durée/coordonées) _____

Prix d'achat _____

Volet - Fenêtre 1

Fabriquant _____

Type ☐ Batant ☐ Roulant ☐ Roulant Electrique

Modèle _____

Dimensions _____

Année d'achat _____

Achat effectué chez _____

Garantie (durée/coordonées) _____

Prix d'achat _____

Fenêtre 2

Fabriquant _____

Type ☐ Classique ☐ Coulissante ☐ Oscillo-battante ☐ Bandeau

Matériaux ☐ Bois ☐ Alluminium ☐ PVC

Dimensions _____

Année d'achat _____

Achat effectué chez _____

Garantie (durée/coordonées) _____

Prix d'achat _____

Volet - Fenêtre 2

Fabriquant _____

Type ☐ Batant ☐ Roulant ☐ Roulant Electrique

Modèle _____

Dimensions _____

Année d'achat _____

Achat effectué chez _____

Garantie (durée/coordonées) _____

Prix d'achat _____

Fenêtre 3

Fabriquant _____

Type   ☐ Classique   ☐ Coulissante   ☐ Oscillo-battante   ☐ Bandeau

Matériaux   ☐ Bois   ☐ Alluminium   ☐ PVC

Dimensions _____

Année d'achat _____

Achat effectué chez _____

Garantie (durée/coordonées) _____

Prix d'achat _____

Volet - Fenêtre 3   A l'emménagement

Fabriquant _____

Type   ☐ Batant   ☐ Roulant   ☐ Roulant Electrique

Modèle _____

Dimensions _____

Année d'achat _____

Achat effectué chez _____

Garantie (durée/coordonées) _____

Prix d'achat _____

Eclairage 1

Fabriquant _____

Modèle _____

Emplacement _____

Dimensions _____

Nb d'ampoules/ Watt _____

Année d'achat _____

Achat effectué chez _____

Prix d'achat _____

Eclairage 2

Fabriquant _____

Modèle _____

Emplacement _____

Dimensions _____

Nb d'ampoules/ Watt _____

Année d'achat _____

Achat effectué chez _____

Prix d'achat _____

Radiateurs

Fabriquant _____

Modèle _____

Emplacement _____

Dimensions _____

Nb _____

Année d'achat _____

Achat effectué chez _____

Prix d'achat _____

Cheminée

Fabriquant _____

Modèle _____

Dimensions _____

Type de foyer ☐ Ouvert   ☐ Fermé

Année d'achat _____

Achat effectué chez _____

Garantie (durée/coordonées) _____

Prix d'achat _____

Notes

Budget - Chambre 5
Aménagement & travaux

	Total

Factures / Garanties

Collez-ici les copies de vos factures et bons de garanties

Photos

Collez - ici les photos de la chambre 5 à votre arrivée, ainsi que les différentes étapes des travaux éffectués

Chambre 6

La chambre de _____

Dimensions de la chambre 6

Longueur _____

Largeur _____

Hauteur _____

m2 _____

Croquis de la chambre 6

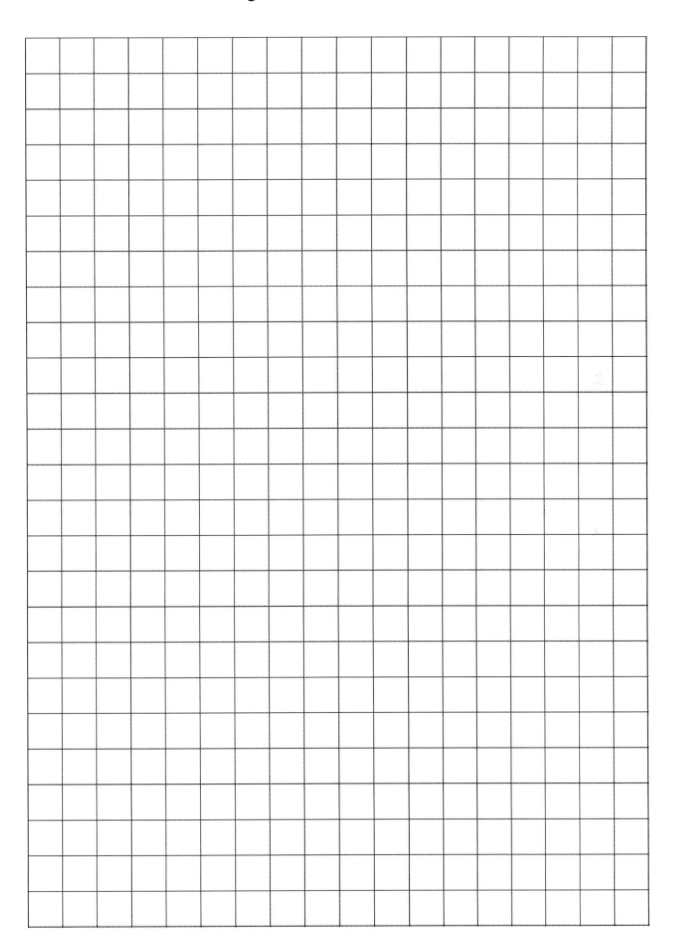

Revêtement de sol

Fabriquant _____

Matériaux _____

Couleurs _____

Dimensions _____

Garantie (durée/coordonées) _____

Année d'achat _____

Achat effectué chez _____

Prix d'achat _____

Revêtement mural

Fabriquant _____

Matériaux _____

Couleurs _____

Dimensions _____

Année d'achat _____

Achat effectué chez _____

Prix d'achat _____

Porte 1

Fabriquant ───────────────────────

Matériaux ───────────────────────

Couleurs ───────────────────────

Dimensions ───────────────────────

Année d'achat ───────────────────────

Achat effectué chez ───────────────────────

Prix d'achat ───────────────────────

Porte 2

Fabriquant ───────────────────────

Matériaux ───────────────────────

Couleurs ───────────────────────

Dimensions ───────────────────────

Année d'achat ───────────────────────

Achat effectué chez ───────────────────────

Prix d'achat ───────────────────────

Fenêtre 1

Fabriquant _____

Type ☐ Classique ☐ Coulissante ☐ Oscillo-battante ☐ Bandeau

Matériaux ☐ Bois ☐ Alluminium ☐ PVC

Dimensions _____

Année d'achat _____

Achat effectué chez _____

Garantie (durée/coordonées) _____

Prix d'achat _____

Volet - Fenêtre 1

Fabriquant _____

Type ☐ Batant ☐ Roulant ☐ Roulant Electrique

Modèle _____

Dimensions _____

Année d'achat _____

Achat effectué chez _____

Garantie (durée/coordonées) _____

Prix d'achat _____

Fenêtre 2

Fabriquant _____

Type ☐ Classique ☐ Coulissante ☐ Oscillo-battante ☐ Bandeau

Matériaux ☐ Bois ☐ Alluminium ☐ PVC

Dimensions _____

Année d'achat _____

Achat effectué chez _____

Garantie (durée/coordonées) _____

Prix d'achat _____

Volet - Fenêtre 2

Fabriquant _____

Type ☐ Batant ☐ Roulant ☐ Roulant Electrique

Modèle _____

Dimensions _____

Année d'achat _____

Achat effectué chez _____

Garantie (durée/coordonées) _____

Prix d'achat _____

Fenêtre 3

Fabriquant _____

Type ☐ Classique ☐ Coulissante ☐ Oscillo-battante ☐ Bandeau

Matériaux ☐ Bois ☐ Alluminium ☐ PVC

Dimensions _____

Année d'achat _____

Achat effectué chez _____

Garantie (durée/coordonées) _____

Prix d'achat _____

Volet - Fenêtre 3

Fabriquant _____

Type ☐ Batant ☐ Roulant ☐ Roulant Electrique

Modèle _____

Dimensions _____

Année d'achat _____

Achat effectué chez _____

Garantie (durée/coordonées) _____

Prix d'achat _____

Eclairage 1

Fabriquant _____

Modèle _____

Emplacement _____

Dimensions _____

Nb d'ampoules/ Watt _____

Année d'achat _____

Achat effectué chez _____

Prix d'achat _____

Eclairage 2

Fabriquant _____

Modèle _____

Emplacement _____

Dimensions _____

Nb d'ampoules/ Watt _____

Année d'achat _____

Achat effectué chez _____

Prix d'achat _____

Radiateurs

Fabriquant _____

Modèle _____

Emplacement _____

Dimensions _____

Nb _____

Année d'achat _____

Achat effectué chez _____

Prix d'achat _____

Cheminée

Fabriquant _____

Modèle _____

Dimensions _____

Type de foyer ☐ Ouvert   ☐ Fermé

Année d'achat _____

Achat effectué chez _____

Garantie (durée/coordonées) _____

Prix d'achat _____

Notes

Budget - Chambre 6
Aménagement & travaux

Total

Factures / Garanties

**Collez-ici les copies de vos factures et
bons de garanties**

Photos

Collez - ici les photos de la chambre 6 à votre arrivée, ainsi que les différentes étapes des travaux éffectués

Salle de bains 1

Salle de bains de _____

Dimensions de la salle de bains 1

Longueur _____

Largeur _____

Hauteur _____

m2 _____

Croquis de la salle de bains 1

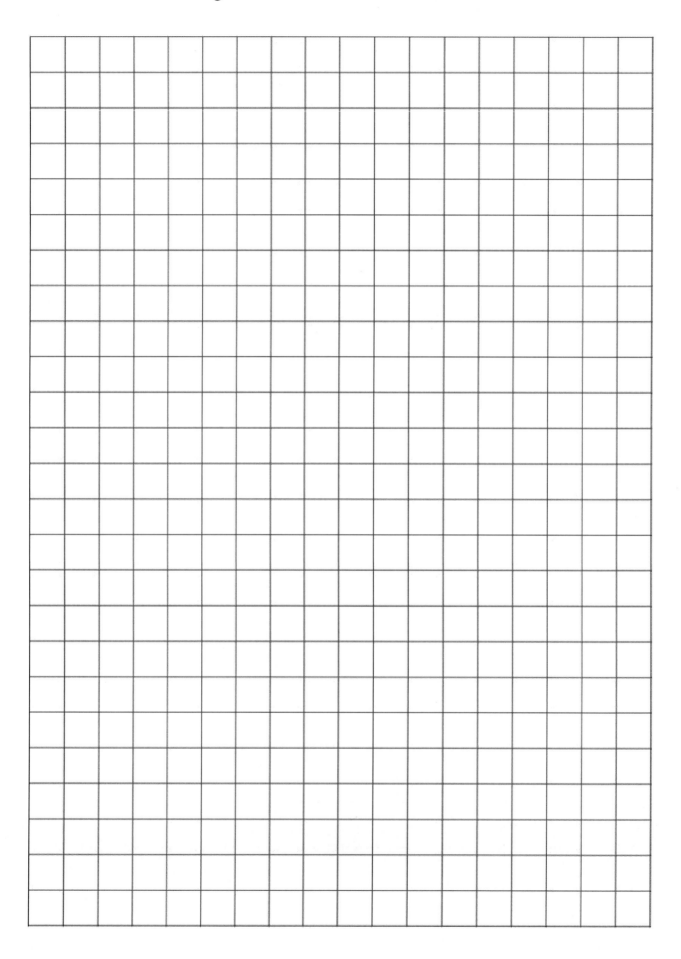

Lavabo / Vasque

Fabriquant _____

Modèle _____

Type ☐ Lavabo ☐ Vasque

Dimensions _____

Année d'achat _____

Garantie (durée/coordonées) _____

Achat effectué chez _____

Prix d'achat _____

Robinet de lavabo / Vasque

Fabriquant _____

Modèle _____

Année d'achat _____

Garantie (durée/coordonées) _____

Type ☐ Mélangeur ☐ Mitigeur

Achat effectué chez _____

Prix d'achat _____

Douche / Baignoire

Fabriquant _____

Modèle _____

Type ☐ Douche ☐ Douche à l'italienne ☐ Baignoire

Dimensions _____

Année d'achat _____

Garantie (durée/coordonées) _____

Achat effectué chez _____

Prix d'achat _____

Robinet de douche / Baignoire

Fabriquant _____

Modèle _____

Année d'achat _____

Garantie (durée/coordonées) _____

Type ☐ Mélangeur ☐ Mitigeur ☐ Mitigeur thermostatique

Achat effectué chez _____

Prix d'achat _____

Mobilier

Fabriquant _____

Modèle _____

Dimensions _____

Année d'achat _____

Garantie (durée/coordonées) _____

Achat effectué chez _____

Prix d'achat _____

Miroir

Fabriquant _____

Modèle _____

Dimensions _____

Année d'achat _____

Garantie (durée/coordonées) _____

Achat effectué chez _____

Prix d'achat _____

WC

Fabriquant _____

Modèle _____

Type ☐ A poser ☐ Suspendus ☐ Broyeurs

Année d'achat _____

Garantie (durée/coordonées) _____

Achat effectué chez _____

Prix d'achat _____

Porte 1

Fabriquant _____

Matériaux _____

Couleurs _____

Dimensions _____

Année d'achat _____

Achat effectué chez _____

Prix d'achat _____

Porte 2

Fabriquant _____

Matériaux _____

Couleurs _____

Dimensions _____

Année d'achat _____

Achat effectué chez _____

Prix d'achat _____

Fenêtre

Fabriquant _____

Type ☐ Classique   ☐ Coulissante   ☐ Oscillo-battante   ☐ Bandeau

Matériaux ☐ Bois   ☐ Alluminium   ☐ PVC

Dimensions _____

Année d'achat _____

Achat effectué chez _____

Garantie (durée/coordonées) _____

Prix d'achat _____

Volet - Fenêtre

Fabriquant _____

Type ☐ Batant ☐ Roulant ☐ Roulant Electrique

Modèle _____

Dimensions _____

Année d'achat _____

Achat effectué chez _____

Garantie (durée/coordonées) _____

Prix d'achat _____

Eclairage 1

Fabriquant _____

Modèle _____

Emplacement _____

Dimensions _____

Nb d'ampoules/ Watt _____

Année d'achat _____

Achat effectué chez _____

Prix d'achat _____

Eclairage 2

Fabriquant _____

Modèle _____

Emplacement _____

Dimensions _____

Nb d'ampoules/ Watt _____

Année d'achat _____

Achat effectué chez _____

Prix d'achat _____

Radiateurs

Fabriquant _____

Modèle _____

Emplacement _____

Dimensions _____

Nb _____

Année d'achat _____

Achat effectué chez _____

Prix d'achat _____

Notes

Budget - Salle de bains 1
Aménagement & travaux

Total

Factures / Garanties

Collez-ici les copies de vos factures et bons de garanties

Photos

Collez - ici les photos de votre salle de bains à votre arrivée, ainsi que les différentes étapes des travaux éffectués

Salle de bains 2

Salle de bains de _____

Dimensions de la salle de bains 2

Longueur _____

Largeur _____

Hauteur _____

m2 _____

Croquis de la salle de bains 2

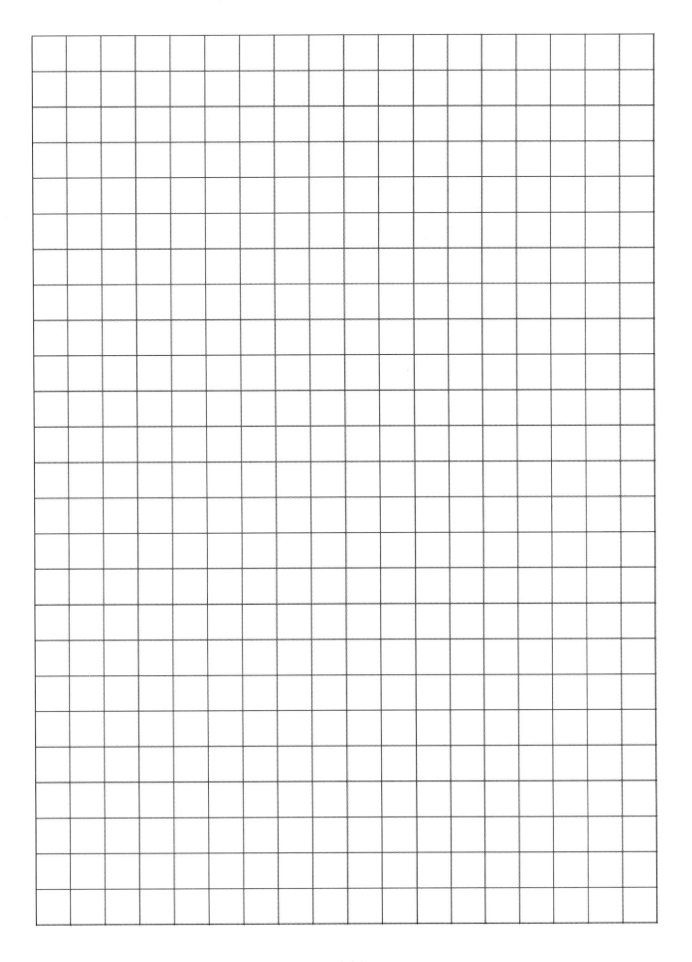

Lavabo / Vasque

Fabriquant _____

Modèle _____

Type   ☐ Lavabo   ☐ Vasque

Dimensions _____

Année d'achat _____

Garantie (durée/coordonées) _____

Achat effectué chez _____

Prix d'achat _____

Robinet de lavabo / Vasque

Fabriquant _____

Modèle _____

Année d'achat _____

Garantie (durée/coordonées) _____

Type   ☐ Mélangeur   ☐ Mitigeur

Achat effectué chez _____

Prix d'achat _____

Douche / Baignoire

Fabriquant _____

Modèle _____

Type ☐ Douche ☐ Douche à l'italienne ☐ Baignoire

Dimensions _____

Année d'achat _____

Garantie (durée/coordonées) _____

Achat effectué chez _____

Prix d'achat _____

Robinet de douche / Baignoire

Fabriquant _____

Modèle _____

Année d'achat _____

Garantie (durée/coordonées) _____

Type ☐ Mélangeur ☐ Mitigeur ☐ Mitigeur thermostatique

Achat effectué chez _____

Prix d'achat _____

Mobilier

Fabriquant _____

Modèle _____

Dimensions _____

Année d'achat _____

Garantie (durée/coordonées) _____

Achat effectué chez _____

Prix d'achat _____

Miroir

Fabriquant _____

Modèle _____

Dimensions _____

Année d'achat _____

Garantie (durée/coordonées) _____

Achat effectué chez _____

Prix d'achat _____

WC

Fabriquant _____

Modèle _____

Type ☐ A poser ☐ Suspendus ☐ Broyeurs

Année d'achat _____

Garantie (durée/coordonées) _____

Achat effectué chez _____

Prix d'achat _____

Porte 1

Fabriquant _____

Matériaux _____

Couleurs _____

Dimensions _____

Année d'achat _____

Achat effectué chez _____

Prix d'achat _____

Porte 2

Fabriquant _____

Matériaux _____

Couleurs _____

Dimensions _____

Année d'achat _____

Achat effectué chez _____

Prix d'achat _____

Fenêtre

Fabriquant _____

Type ☐ Classique ☐ Coulissante ☐ Oscillo-battante ☐ Bandeau

Matériaux ☐ Bois ☐ Alluminium ☐ PVC

Dimensions _____

Année d'achat _____

Achat effectué chez _____

Garantie (durée/coordonées) _____

Prix d'achat _____

Volet - Fenêtre

Fabriquant _____

Type ☐ Batant ☐ Roulant ☐ Roulant Electrique

Modèle _____

Dimensions _____

Année d'achat _____

Achat effectué chez _____

Garantie (durée/coordonées) _____

Prix d'achat _____

Eclairage 1

Fabriquant _____

Modèle _____

Emplacement _____

Dimensions _____

Nb d'ampoules/ Watt _____

Année d'achat _____

Achat effectué chez _____

Prix d'achat _____

Eclairage 2

Fabriquant _____

Modèle _____

Emplacement _____

Dimensions _____

Nb d'ampoules/ Watt _____

Année d'achat _____

Achat effectué chez _____

Prix d'achat _____

Radiateurs

Fabriquant _____

Modèle _____

Emplacement _____

Dimensions _____

Nb _____

Année d'achat _____

Achat effectué chez _____

Prix d'achat _____

Notes

Budget - Salle de bains 2
Aménagement & travaux

Total

Factures / Garanties

Collez-ici les copies de vos factures et bons de garanties

Photos

***Collez-ici les photos de votre salle de bains à votre arrivée,
ainsi que les différentes étapes des travaux éffectués***

Salle de bains 3

Salle de bains de _____

Dimensions de la salle de bains 3

Longueur _____

Largeur _____

Hauteur _____

m2 _____

Croquis de la salle de bains 3

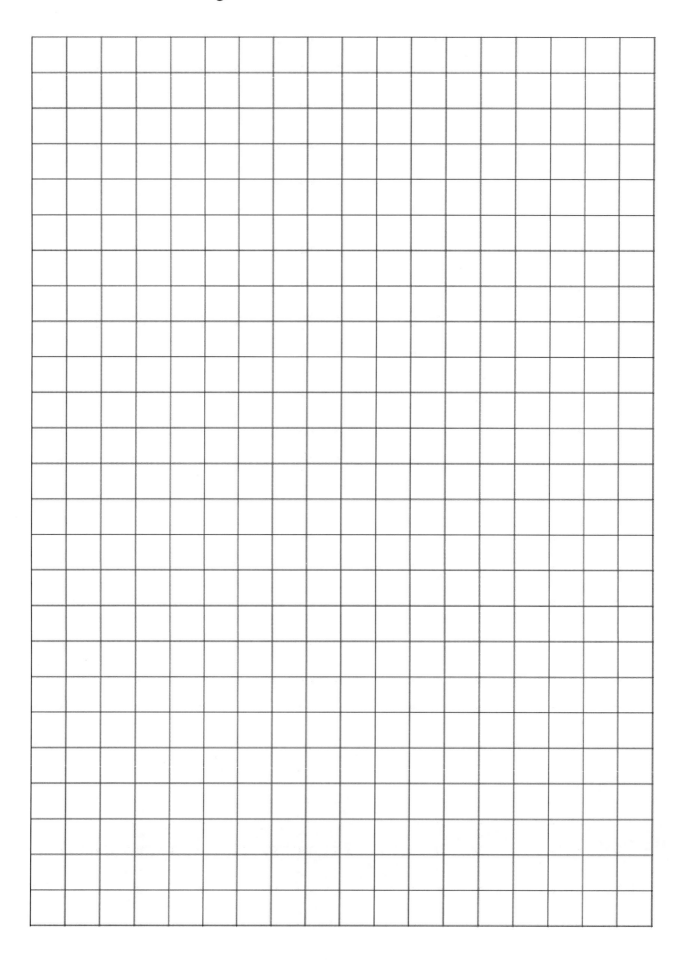

Lavabo / Vasque

Fabriquant _____

Modèle _____

Type ☐ Lavabo ☐ Vasque

Dimensions _____

Année d'achat _____

Garantie (durée/coordonées) _____

Achat effectué chez _____

Prix d'achat _____

Robinet de lavabo / Vasque

Fabriquant _____

Modèle _____

Année d'achat _____

Garantie (durée/coordonées) _____

Type ☐ Mélangeur ☐ Mitigeur

Achat effectué chez _____

Prix d'achat _____

Douche / Baignoire

Fabriquant _____

Modèle _____

Type ☐ Douche ☐ Douche à l'italienne ☐ Baignoire

Dimensions _____

Année d'achat _____

Garantie (durée/coordonées) _____

Achat effectué chez _____

Prix d'achat _____

Robinet de douche / Baignoire

Fabriquant _____

Modèle _____

Année d'achat _____

Garantie (durée/coordonées) _____

Type ☐ Mélangeur ☐ Mitigeur ☐ Mitigeur thermostatique

Achat effectué chez _____

Prix d'achat _____

Mobilier

Fabriquant ────────────────────────────

Modèle ────────────────────────────

Dimensions ────────────────────────────

Année d'achat ────────────────────────────

Garantie (durée/coordonées) ────────────────────

Achat effectué chez ────────────────────────

Prix d'achat ────────────────────────────

Miroir

Fabriquant ────────────────────────────

Modèle ────────────────────────────

Dimensions ────────────────────────────

Année d'achat ────────────────────────────

Garantie (durée/coordonées) ────────────────────

Achat effectué chez ────────────────────────

Prix d'achat ────────────────────────────

WC

Fabriquant _____

Modèle _____

Type ☐ A poser ☐ Suspendus ☐ Broyeurs

Année d'achat _____

Garantie (durée/coordonées) _____

Achat effectué chez _____

Prix d'achat _____

Porte 1

Fabriquant _____

Matériaux _____

Couleurs _____

Dimensions _____

Année d'achat _____

Achat effectué chez _____

Prix d'achat _____

Porte 2

Fabriquant _____

Matériaux _____

Couleurs _____

Dimensions _____

Année d'achat _____

Achat effectué chez _____

Prix d'achat _____

Fenêtre

Fabriquant _____

Type ☐ Classique ☐ Coulissante ☐ Oscillo-battante ☐ Bandeau

Matériaux ☐ Bois ☐ Alluminium ☐ PVC

Dimensions _____

Année d'achat _____

Achat effectué chez _____

Garantie (durée/coordonées) _____

Prix d'achat _____

Volet - Fenêtre

Fabriquant _____

Type ☐ Batant   ☐ Roulant   ☐ Roulant Electrique

Modèle _____

Dimensions _____

Année d'achat _____

Achat effectué chez _____

Garantie (durée/coordonées) _____

Prix d'achat _____

Eclairage 1

Fabriquant _____

Modèle _____

Emplacement _____

Dimensions _____

Nb d'ampoules/ Watt _____

Année d'achat _____

Achat effectué chez _____

Prix d'achat _____

Eclairage 2

Fabriquant _____

Modèle _____

Emplacement _____

Dimensions _____

Nb d'ampoules/ Watt _____

Année d'achat _____

Achat effectué chez _____

Prix d'achat _____

Radiateurs

Fabriquant _____

Modèle _____

Emplacement _____

Dimensions _____

Nb _____

Année d'achat _____

Achat effectué chez _____

Prix d'achat _____

Notes

Budget - Salle de bains 3
Aménagement & travaux

Total

Factures / Garanties

Collez-ici les copies de vos factures et bons de garanties

Photos

*Collez - ici les photos de votre salle de bains à votre arrivée,
ainsi que les différentes étapes des travaux éffectués*

Salle de bains 4

Salle de bains de _____

Dimensions de la salle de bains 4

Longueur _____

Largeur _____

Hauteur _____

m2 _____

Croquis de la salle de bains 4

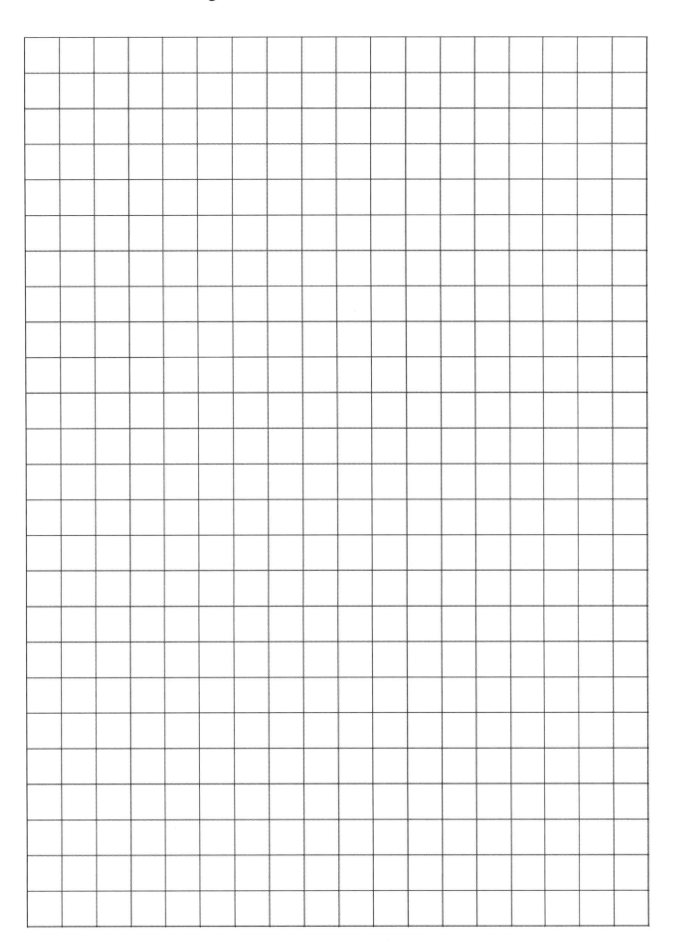

Lavabo / Vasque

Fabriquant _____

Modèle _____

Type ☐ Lavabo ☐ Vasque

Dimensions _____

Année d'achat _____

Garantie (durée/coordonées) _____

Achat effectué chez _____

Prix d'achat _____

Robinet de lavabo / Vasque

Fabriquant _____

Modèle _____

Année d'achat _____

Garantie (durée/coordonées) _____

Type ☐ Mélangeur ☐ Mitigeur

Achat effectué chez _____

Prix d'achat _____

Douche / Baignoire

Fabriquant _____

Modèle _____

Type   ☐ Douche   ☐ Douche à l'italienne   ☐ Baignoire

Dimensions _____

Année d'achat _____

Garantie (durée/coordonées) _____

Achat effectué chez _____

Prix d'achat _____

Robinet de douche / Baignoire

Fabriquant _____

Modèle _____

Année d'achat _____

Garantie (durée/coordonées) _____

Type   ☐ Mélangeur   ☐ Mitigeur   ☐ Mitigeur thermostatique

Achat effectué chez _____

Prix d'achat _____

Mobilier

Fabriquant _____

Modèle _____

Dimensions _____

Année d'achat _____

Garantie (durée/coordonées) _____

Achat effectué chez _____

Prix d'achat _____

Miroir

Fabriquant _____

Modèle _____

Dimensions _____

Année d'achat _____

Garantie (durée/coordonées) _____

Achat effectué chez _____

Prix d'achat _____

WC

Fabriquant _____

Modèle _____

Type ☐ A poser ☐ Suspendus ☐ Broyeurs

Année d'achat _____

Garantie (durée/coordonées) _____

Achat effectué chez _____

Prix d'achat _____

Porte 1

Fabriquant _____

Matériaux _____

Couleurs _____

Dimensions _____

Année d'achat _____

Achat effectué chez _____

Prix d'achat _____

Porte 2

Fabriquant _____

Matériaux _____

Couleurs _____

Dimensions _____

Année d'achat _____

Achat effectué chez _____

Prix d'achat _____

Fenêtre

Fabriquant _____

Type ☐ Classique ☐ Coulissante ☐ Oscillo-battante ☐ Bandeau

Matériaux ☐ Bois ☐ Alluminium ☐ PVC

Dimensions _____

Année d'achat _____

Achat effectué chez _____

Garantie (durée/coordonées) _____

Prix d'achat _____

Eclairage 1

Fabriquant ─────────────────────────────

Modèle ─────────────────────────────

Emplacement ─────────────────────────────

Dimensions ─────────────────────────────

Nb d'ampoules/ Watt ─────────────────────────────

Année d'achat ─────────────────────────────

Achat effectué chez ─────────────────────────────

Prix d'achat ─────────────────────────────

Eclairage 2

Fabriquant ─────────────────────────────

Modèle ─────────────────────────────

Emplacement ─────────────────────────────

Dimensions ─────────────────────────────

Nb d'ampoules/ Watt ─────────────────────────────

Année d'achat ─────────────────────────────

Achat effectué chez ─────────────────────────────

Prix d'achat ─────────────────────────────

Radiateurs

Fabriquant ───────────────────────────

Modèle ───────────────────────────

Emplacement ───────────────────────────

Dimensions ───────────────────────────

Nb ───────────────────────────

Année d'achat ───────────────────────────

Achat effectué chez ───────────────────────────

Prix d'achat ───────────────────────────

Notes

Budget - Salle de bains 4
Aménagement & travaux

Total	

Factures / Garanties

Collez-ici les copies de vos factures et bons de garanties

Photos

Collez - ici les photos de votre salle de bains à votre arrivée, ainsi que les différentes étapes des travaux éffectués

Salle de bains 5

Salle de bains de _____

Dimensions de la salle de bains 5

Longueur _____

Largeur _____

Hauteur _____

m2 _____

Croquis de la salle de bains 5

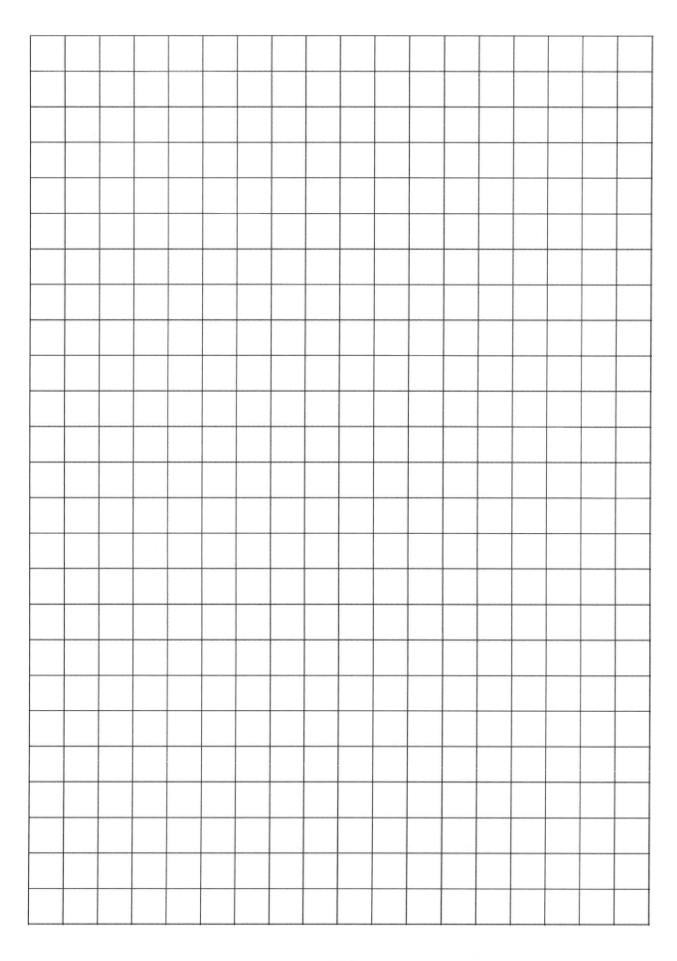

Lavabo / Vasque

Fabriquant _____

Modèle _____

Type ☐ Lavabo ☐ Vasque

Dimensions _____

Année d'achat _____

Garantie (durée/coordonées) _____

Achat effectué chez _____

Prix d'achat _____

Robinet de lavabo / Vasque

Fabriquant _____

Modèle _____

Année d'achat _____

Garantie (durée/coordonées) _____

Type ☐ Mélangeur ☐ Mitigeur

Achat effectué chez _____

Prix d'achat _____

Douche / Baignoire

Fabriquant _____

Modèle _____

Type ☐ Douche ☐ Douche à l'italienne ☐ Baignoire

Dimensions _____

Année d'achat _____

Garantie (durée/coordonées) _____

Achat effectué chez _____

Prix d'achat _____

Robinet de douche / Baignoire

Fabriquant _____

Modèle _____

Année d'achat _____

Garantie (durée/coordonées) _____

Type ☐ Mélangeur ☐ Mitigeur ☐ Mitigeur thermostatique

Achat effectué chez _____

Prix d'achat _____

Mobilier

Fabriquant _____

Modèle _____

Dimensions _____

Année d'achat _____

Garantie (durée/coordonées) _____

Achat effectué chez _____

Prix d'achat _____

Miroir

Fabriquant _____

Modèle _____

Dimensions _____

Année d'achat _____

Garantie (durée/coordonées) _____

Achat effectué chez _____

Prix d'achat _____

WC

Fabriquant _____

Modèle _____

Type ☐ A poser ☐ Suspendus ☐ Broyeurs

Année d'achat _____

Garantie (durée/coordonées) _____

Achat effectué chez _____

Prix d'achat _____

Porte 1

Fabriquant _____

Matériaux _____

Couleurs _____

Dimensions _____

Année d'achat _____

Achat effectué chez _____

Prix d'achat _____

Porte 2

Fabriquant _____

Matériaux _____

Couleurs _____

Dimensions _____

Année d'achat _____

Achat effectué chez _____

Prix d'achat _____

Fenêtre

Fabriquant _____

Type ☐ Classique ☐ Coulissante ☐ Oscillo-battante ☐ Bandeau

Matériaux ☐ Bois ☐ Alluminium ☐ PVC

Dimensions _____

Année d'achat _____

Achat effectué chez _____

Garantie (durée/coordonées) _____

Prix d'achat _____

Volet - Fenêtre

Fabriquant _____

Type ☐ Batant   ☐ Roulant   ☐ Roulant Electrique

Modèle _____

Dimensions _____

Année d'achat _____

Achat effectué chez _____

Garantie (durée/coordonées) _____

Prix d'achat _____

Eclairage 1

Fabriquant _____

Modèle _____

Emplacement _____

Dimensions _____

Nb d'ampoules/ Watt _____

Année d'achat _____

Achat effectué chez _____

Prix d'achat _____

Eclairage 2

Fabriquant _____

Modèle _____

Emplacement _____

Dimensions _____

Nb d'ampoules/ Watt _____

Année d'achat _____

Achat effectué chez _____

Prix d'achat _____

Notes

Budget - Salle de bains 5
Aménagement & travaux

Total

Factures / Garanties

Collez-ici les copies de vos factures et bons de garanties

Photos

Collez - ici les photos de votre salle de bains à votre arrivée, ainsi que les différentes étapes des travaux éffectués

Salle de bains 6

Salle de bains de _____

Dimensions de la salle de bains 6

Longueur _____

Largeur _____

Hauteur _____

m2 _____

Croquis de la salle de bains 6

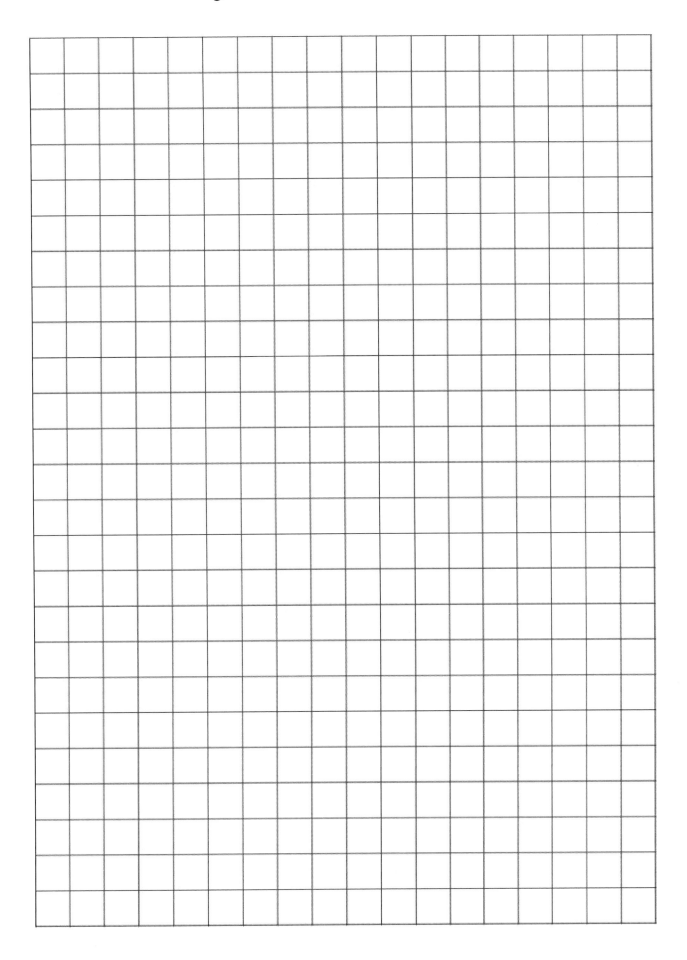

Lavabo / Vasque

Fabriquant _____

Modèle _____

Type ☐ Lavabo ☐ Vasque

Dimensions _____

Année d'achat _____

Garantie (durée/coordonées) _____

Achat effectué chez _____

Prix d'achat _____

Robinet de lavabo / Vasque

Fabriquant _____

Modèle _____

Année d'achat _____

Garantie (durée/coordonées) _____

Type ☐ Mélangeur ☐ Mitigeur

Achat effectué chez _____

Prix d'achat _____

Douche / Baignoire

Fabriquant _____

Modèle _____

Type ☐ Douche   ☐ Douche à l'italienne   ☐ Baignoire

Dimensions _____

Année d'achat _____

Garantie (durée/coordonées) _____

Achat effectué chez _____

Prix d'achat _____

Robinet de douche / Baignoire

Fabriquant _____

Modèle _____

Année d'achat _____

Garantie (durée/coordonées) _____

Type ☐ Mélangeur   ☐ Mitigeur   ☐ Mitigeur thermostatique

Achat effectué chez _____

Prix d'achat _____

Mobilier

Fabriquant _____

Modèle _____

Dimensions _____

Année d'achat _____

Garantie (durée/coordonées) _____

Achat effectué chez _____

Prix d'achat _____

Miroir

Fabriquant _____

Modèle _____

Dimensions _____

Année d'achat _____

Garantie (durée/coordonées) _____

Achat effectué chez _____

Prix d'achat _____

WC

Fabriquant _____

Modèle _____

Type ☐ A poser ☐ Suspendus ☐ Broyeurs

Année d'achat _____

Garantie (durée/coordonées) _____

Achat effectué chez _____

Prix d'achat _____

Porte 1

Fabriquant _____

Matériaux _____

Couleurs _____

Dimensions _____

Année d'achat _____

Achat effectué chez _____

Prix d'achat _____

Porte 2

Fabriquant _____

Matériaux _____

Couleurs _____

Dimensions _____

Année d'achat _____

Achat effectué chez _____

Prix d'achat _____

Fenêtre

Fabriquant _____

Type ☐ Classique ☐ Coulissante ☐ Oscillo-battante ☐ Bandeau

Matériaux ☐ Bois ☐ Alluminium ☐ PVC

Dimensions _____

Année d'achat _____

Achat effectué chez _____

Garantie (durée/coordonées) _____

Prix d'achat _____

Volet - Fenêtre

Fabriquant ───────────────────────────────

Type ☐ Batant ☐ Roulant ☐ Roulant Electrique

Modèle ───────────────────────────────

Dimensions ───────────────────────────────

Année d'achat ───────────────────────────────

Achat effectué chez ───────────────────────────────

Garantie (durée/coordonées) ───────────────────────────────

Prix d'achat ───────────────────────────────

Eclairage 1

Fabriquant ───────────────────────────────

Modèle ───────────────────────────────

Emplacement ───────────────────────────────

Dimensions ───────────────────────────────

Nb d'ampoules/ Watt ───────────────────────────────

Année d'achat ───────────────────────────────

Achat effectué chez ───────────────────────────────

Prix d'achat ───────────────────────────────

Eclairage 2

Fabriquant ─────────────────────────

Modèle ─────────────────────────

Emplacement ─────────────────────────

Dimensions ─────────────────────────

Nb d'ampoules/ Watt ─────────────────────────

Année d'achat ─────────────────────────

Achat effectué chez ─────────────────────────

Prix d'achat ─────────────────────────

Radiateurs

Fabriquant ─────────────────────────

Modèle ─────────────────────────

Emplacement ─────────────────────────

Dimensions ─────────────────────────

Nb ─────────────────────────

Année d'achat ─────────────────────────

Achat effectué chez ─────────────────────────

Prix d'achat ─────────────────────────

Notes

Budget - Salle de bains 6
Aménagement & travaux

Total

Factures / Garanties

Collez-ici les copies de vos factures et bons de garanties

Photos

**Collez - ici les photos de votre salle de bains à votre arrivée,
ainsi que les différentes étapes des travaux éffectués**

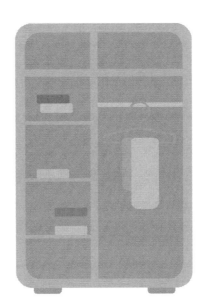

Dimensions du dressing

Longueur _____

Largeur _____

Hauteur _____

m2 _____

Croquis du dressing

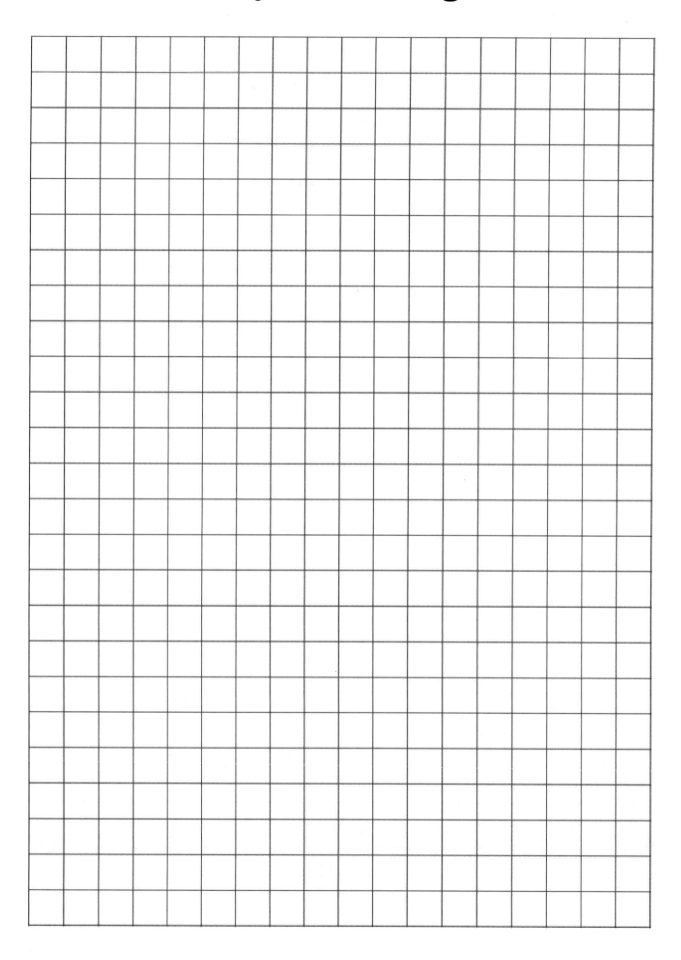

Etagères

Fabriquant _____

Modèle _____

Couleurs _____

Dimensions _____

Garantie (durée/coordonées) _____

Année d'achat _____

Achat effectué chez _____

Prix d'achat _____

Barre de penderie

Fabriquant _____

Modèle _____

Dimensions _____

Garantie (durée/coordonées) _____

Année d'achat _____

Achat effectué chez _____

Prix d'achat _____

Portes pour penderie et placard

Fabriquant _____

Modèle _____

Couleurs _____

Dimensions _____

Garantie (durée/coordonées) _____

Année d'achat _____

Achat effectué chez _____

Prix d'achat _____

Revêtement de sol

Fabriquant _____

Matériaux _____

Couleurs _____

Dimensions _____

Garantie (durée/coordonées) _____

Année d'achat _____

Achat effectué chez _____

Prix d'achat _____

Revêtement mural

Fabriquant ───────────────────────

Matériaux ───────────────────────

Couleurs ───────────────────────

Dimensions ───────────────────────

Année d'achat ───────────────────────

Achat effectué chez ───────────────────────

Prix d'achat ───────────────────────

Porte

Fabriquant ───────────────────────

Matériaux ───────────────────────

Couleurs ───────────────────────

Dimensions ───────────────────────

Année d'achat ───────────────────────

Achat effectué chez ───────────────────────

Prix d'achat ───────────────────────

Fenêtre

Fabriquant _____

Type ☐ Classique ☐ Coulissante ☐ Oscillo-battante ☐ Bandeau

Matériaux ☐ Bois ☐ Alluminium ☐ PVC

Dimensions _____

Année d'achat _____

Achat effectué chez _____

Garantie (durée/coordonées) _____

Prix d'achat _____

Volet - Fenêtre

Fabriquant _____

Type ☐ Batant ☐ Roulant ☐ Roulant Electrique

Modèle _____

Dimensions _____

Année d'achat _____

Achat effectué chez _____

Garantie (durée/coordonées) _____

Prix d'achat _____

Eclairage

Fabriquant _____

Modèle _____

Emplacement _____

Dimensions _____

Nb d'ampoules/ Watt _____

Année d'achat _____

Achat effectué chez _____

Prix d'achat _____

Radiateurs

Fabriquant _____

Modèle _____

Emplacement _____

Dimensions _____

Nb _____

Année d'achat _____

Achat effectué chez _____

Prix d'achat _____

Notes

Budget - Dressing
Aménagement & travaux

Total

Factures / Garanties

Collez-ici les copies de vos factures et bons de garanties

Photos

Collez - ici les photos du dressing à votre arrivée, ainsi que les différentes étapes des travaux éffectués

Buanderie

Dimensions de la Buanderie

Longueur _____

Largeur _____

Hauteur _____

m2 _____

Croquis de la buanderie

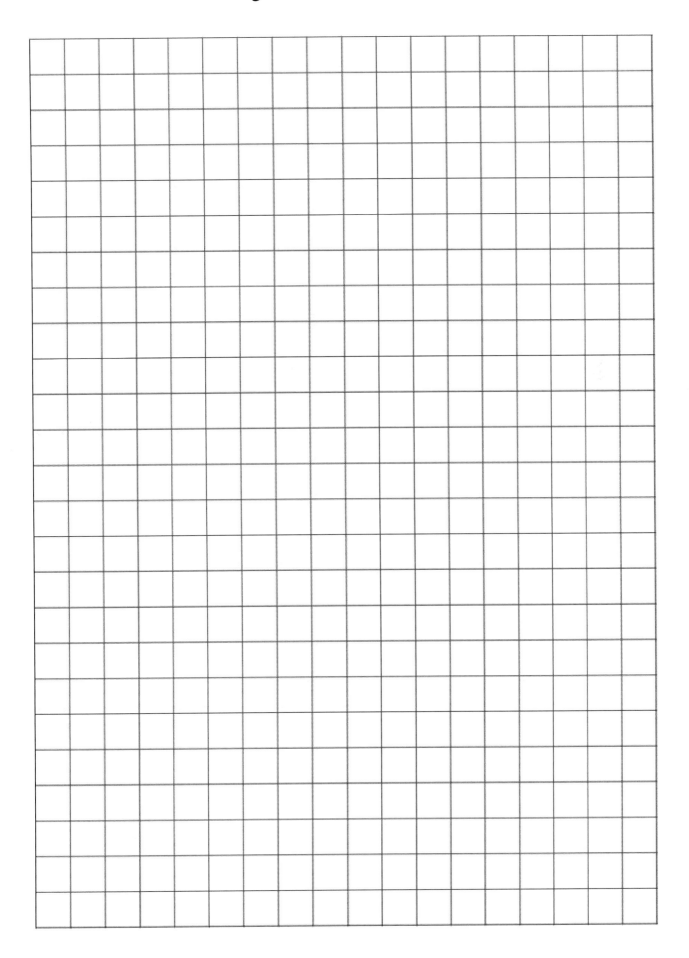

Etagères

Fabriquant _____

Modèle _____

Couleurs _____

Dimensions _____

Garantie (durée/coordonées) _____

Année d'achat _____

Achat effectué chez _____

Prix d'achat _____

Mobilier

Fabriquant _____

Modèle _____

Couleurs _____

Dimensions _____

Garantie (durée/coordonées) _____

Année d'achat _____

Achat effectué chez _____

Prix d'achat _____

Revêtement de sol

Fabriquant _____

Matériaux _____

Couleurs _____

Dimensions _____

Garantie (durée/coordonées) _____

Année d'achat _____

Achat effectué chez _____

Prix d'achat _____

Revêtement mural

Fabriquant _____

Matériaux _____

Couleurs _____

Dimensions _____

Année d'achat _____

Achat effectué chez _____

Prix d'achat _____

Porte

Fabriquant ───────────────────────

Matériaux ───────────────────────

Couleurs ───────────────────────

Dimensions ───────────────────────

Année d'achat ───────────────────────

Achat effectué chez ───────────────────────

Prix d'achat ───────────────────────

Fenêtre

Fabriquant _____

Type ☐ Classique ☐ Coulissante ☐ Oscillo-battante ☐ Bandeau

Matériaux ☐ Bois ☐ Alluminium ☐ PVC

Dimensions _____

Année d'achat _____

Achat effectué chez _____

Garantie (durée/coordonées) _____

Prix d'achat _____

Volet - Fenêtre

Fabriquant _____

Type ☐ Batant ☐ Roulant ☐ Roulant Electrique

Modèle _____

Dimensions _____

Année d'achat _____

Achat effectué chez _____

Garantie (durée/coordonées) _____

Prix d'achat _____

Eclairage

Fabriquant ────────────────────────────────

Modèle ────────────────────────────────

Emplacement ────────────────────────────────

Dimensions ────────────────────────────────

Nb d'ampoules/ Watt ────────────────────────

Année d'achat ────────────────────────────────

Achat effectué chez ────────────────────────

Prix d'achat ────────────────────────────────

Radiateurs

Fabriquant ────────────────────────────────

Modèle ────────────────────────────────

Emplacement ────────────────────────────────

Dimensions ────────────────────────────────

Nb ────────────────────────────────

Année d'achat ────────────────────────────────

Achat effectué chez ────────────────────────

Prix d'achat ────────────────────────────────

Lave-linge

Fabriquant _____

Modèle _____

Dimensions _____

Année d'achat _____

Garantie (durée/coordonées) _____

Capacité _____

Ouverture ☐ Hublot   ☐ Par le haut

Achat effectué chez _____

Prix d'achat _____

Sèche-linge

Fabriquant _____

Modèle _____

Dimensions _____

Année d'achat _____

Garantie (durée/coordonées) _____

Capacité _____

Ouverture ☐ Hublot   ☐ Par le haut

Séchage ☐ Evacuation   ☐ Condensation

Achat effectué chez _____

Prix d'achat _____

Notes

Budget - Buanderie
Aménagement & travaux

Total

Factures / Garanties

Collez-ici les copies de vos factures et bons de garanties

Photos

Collez - ici les photos de la buanderie à votre arrivée, ainsi que les différentes étapes des travaux éffectués

Hall d'entrée

Dimensions du Hall d'entrée

Longueur _____

Largeur _____

Hauteur _____

m2 _____

Croquis du Hall d'entrée

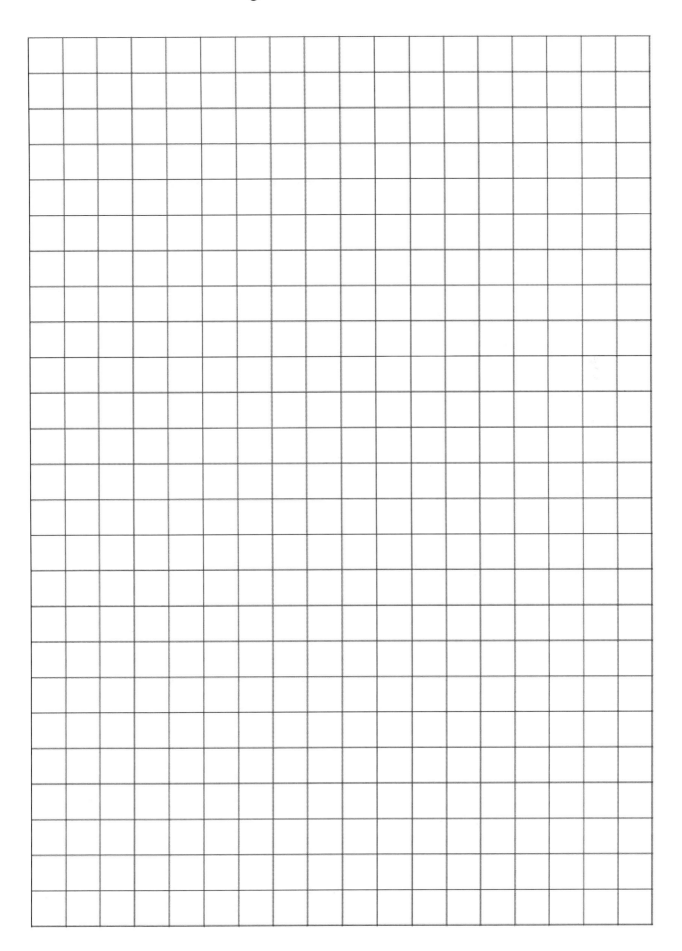

Revêtement de sol

Fabriquant _____

Matériaux _____

Couleurs _____

Dimensions _____

Garantie (durée/coordonées) _____

Année d'achat _____

Achat effectué chez _____

Prix d'achat _____

Revêtement mural

Fabriquant _____

Matériaux _____

Couleurs _____

Dimensions _____

Année d'achat _____

Achat effectué chez _____

Prix d'achat _____

Porte 1

Fabriquant ⎯⎯⎯⎯⎯⎯⎯⎯⎯⎯⎯⎯⎯⎯⎯⎯⎯⎯⎯⎯⎯⎯⎯⎯⎯⎯

Matériaux ⎯⎯⎯⎯⎯⎯⎯⎯⎯⎯⎯⎯⎯⎯⎯⎯⎯⎯⎯⎯⎯⎯⎯⎯⎯⎯

Couleurs ⎯⎯⎯⎯⎯⎯⎯⎯⎯⎯⎯⎯⎯⎯⎯⎯⎯⎯⎯⎯⎯⎯⎯⎯⎯⎯

Dimensions ⎯⎯⎯⎯⎯⎯⎯⎯⎯⎯⎯⎯⎯⎯⎯⎯⎯⎯⎯⎯⎯⎯⎯⎯⎯⎯

Année d'achat ⎯⎯⎯⎯⎯⎯⎯⎯⎯⎯⎯⎯⎯⎯⎯⎯⎯⎯⎯⎯⎯⎯⎯⎯⎯⎯

Achat effectué chez ⎯⎯⎯⎯⎯⎯⎯⎯⎯⎯⎯⎯⎯⎯⎯⎯⎯⎯⎯⎯⎯⎯⎯⎯⎯⎯

Prix d'achat ⎯⎯⎯⎯⎯⎯⎯⎯⎯⎯⎯⎯⎯⎯⎯⎯⎯⎯⎯⎯⎯⎯⎯⎯⎯⎯

Porte 2

Fabriquant ⎯⎯⎯⎯⎯⎯⎯⎯⎯⎯⎯⎯⎯⎯⎯⎯⎯⎯⎯⎯⎯⎯⎯⎯⎯⎯

Matériaux ⎯⎯⎯⎯⎯⎯⎯⎯⎯⎯⎯⎯⎯⎯⎯⎯⎯⎯⎯⎯⎯⎯⎯⎯⎯⎯

Couleurs ⎯⎯⎯⎯⎯⎯⎯⎯⎯⎯⎯⎯⎯⎯⎯⎯⎯⎯⎯⎯⎯⎯⎯⎯⎯⎯

Dimensions ⎯⎯⎯⎯⎯⎯⎯⎯⎯⎯⎯⎯⎯⎯⎯⎯⎯⎯⎯⎯⎯⎯⎯⎯⎯⎯

Année d'achat ⎯⎯⎯⎯⎯⎯⎯⎯⎯⎯⎯⎯⎯⎯⎯⎯⎯⎯⎯⎯⎯⎯⎯⎯⎯⎯

Achat effectué chez ⎯⎯⎯⎯⎯⎯⎯⎯⎯⎯⎯⎯⎯⎯⎯⎯⎯⎯⎯⎯⎯⎯⎯⎯⎯⎯

Prix d'achat ⎯⎯⎯⎯⎯⎯⎯⎯⎯⎯⎯⎯⎯⎯⎯⎯⎯⎯⎯⎯⎯⎯⎯⎯⎯⎯

Fenêtre 1

Fabriquant _____

Type ☐ Classique ☐ Coulissante ☐ Oscillo-battante ☐ Bandeau

Matériaux ☐ Bois ☐ Alluminium ☐ PVC

Dimensions _____

Année d'achat _____

Achat effectué chez _____

Garantie (durée/coordonées) _____

Prix d'achat _____

Volet - Fenêtre 1

Fabriquant _____

Type ☐ Batant ☐ Roulant ☐ Roulant Electrique

Modèle _____

Dimensions _____

Année d'achat _____

Achat effectué chez _____

Garantie (durée/coordonées) _____

Prix d'achat _____

Fenêtre 2

Fabriquant _____

Type ☐ Classique ☐ Coulissante ☐ Oscillo-battante ☐ Bandeau

Matériaux ☐ Bois ☐ Alluminium ☐ PVC

Dimensions _____

Année d'achat _____

Achat effectué chez _____

Garantie (durée/coordonées) _____

Prix d'achat _____

Volet - Fenêtre 2

Fabriquant _____

Type ☐ Batant ☐ Roulant ☐ Roulant Electrique

Modèle _____

Dimensions _____

Année d'achat _____

Achat effectué chez _____

Garantie (durée/coordonées) _____

Prix d'achat _____

Eclairage 1

Fabriquant ───────────────────────────

Modèle ───────────────────────────

Emplacement ───────────────────────────

Dimensions ───────────────────────────

Nb d'ampoules/ Watt ───────────────────────────

Année d'achat ───────────────────────────

Achat effectué chez ───────────────────────────

Prix d'achat ───────────────────────────

Eclairage 2

Fabriquant ───────────────────────────

Modèle ───────────────────────────

Emplacement ───────────────────────────

Dimensions ───────────────────────────

Nb d'ampoules/ Watt ───────────────────────────

Année d'achat ───────────────────────────

Achat effectué chez ───────────────────────────

Prix d'achat ───────────────────────────

Radiateurs

Fabriquant _____

Modèle _____

Emplacement _____

Dimensions _____

Nb _____

Année d'achat _____

Achat effectué chez _____

Prix d'achat _____

Mobilier

Fabriquant _____

Modèle _____

Dimensions _____

Année d'achat _____

Achat effectué chez _____

Prix d'achat _____

Notes

Budget - Hall d'entrée
Aménagement & travaux

Total

Factures / Garanties

Collez-ici les copies de vos factures et bons de garanties

Photos

Collez - ici les photos du Hall d'entrée à votre arrivée, ainsi que les différentes étapes des travaux éffectués

Sous-Sol

Dimensions du Sous-Sol

Longueur _____

Largeur _____

Hauteur _____

m2 _____

Croquis du Sous-Sol

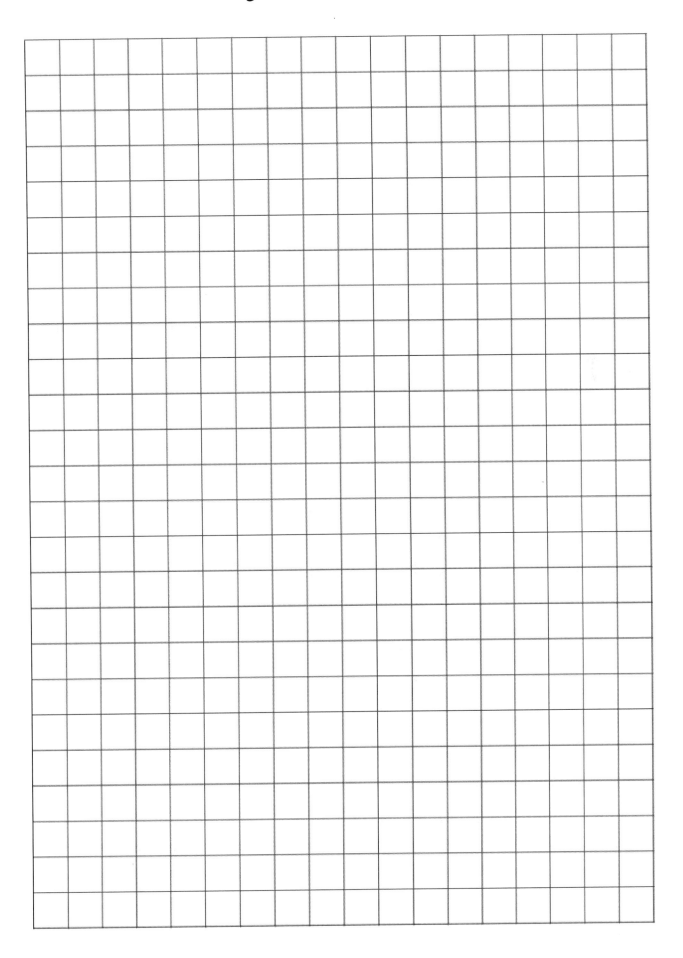

Revêtement de sol

Fabriquant _____

Matériaux _____

Couleurs _____

Dimensions _____

Garantie (durée/coordonées) _____

Année d'achat _____

Achat effectué chez _____

Prix d'achat _____

Revêtement mural

Fabriquant _____

Matériaux _____

Couleurs _____

Dimensions _____

Année d'achat _____

Achat effectué chez _____

Prix d'achat _____

Porte

Fabriquant _____

Matériaux _____

Couleurs _____

Dimensions _____

Année d'achat _____

Achat effectué chez _____

Prix d'achat _____

Fenêtre

Fabriquant _____

Type ☐ Classique ☐ Coulissante ☐ Oscillo-battante ☐ Bandeau

Matériaux ☐ Bois ☐ Alluminium ☐ PVC

Dimensions _____

Année d'achat _____

Achat effectué chez _____

Garantie (durée/coordonées) _____

Prix d'achat _____

Mobilier

Fabriquant _____

Modèle _____

Couleurs _____

Dimensions _____

Garantie (durée/coordonées) _____

Année d'achat _____

Achat effectué chez _____

Prix d'achat _____

Volet - Fenêtre

Fabriquant _____

Type   ☐ Batant   ☐ Roulant   ☐ Roulant Electrique

Modèle _____

Dimensions _____

Année d'achat _____

Achat effectué chez _____

Garantie (durée/coordonées) _____

Prix d'achat _____

Eclairage

Fabriquant ─────────────────────────

Modèle ─────────────────────────────

Emplacement ───────────────────────

Dimensions ────────────────────────

Nb d'ampoules/ Watt ───────────────

Année d'achat ─────────────────────

Achat effectué chez ───────────────

Prix d'achat ──────────────────────

Radiateurs

Fabriquant ─────────────────────────────

Modèle ─────────────────────────────

Emplacement ─────────────────────────────

Dimensions ─────────────────────────────

Nb ─────────────────────────────

Année d'achat ─────────────────────────────

Achat effectué chez ─────────────────────────────

Prix d'achat ─────────────────────────────

Notes

Budget - Sous-Sol
Aménagement & travaux

Total

Factures / Garanties

Collez-ici les copies de vos factures et bons de garanties

Photos

Collez - ici les photos du Sous-Sol à votre arrivée, ainsi que les différentes étapes des travaux éffectués

Couloir 1

Etage _____

Dimensions du couloir 1

Longueur _____

Largeur _____

Hauteur _____

m2 _____

Croquis du couloir 1

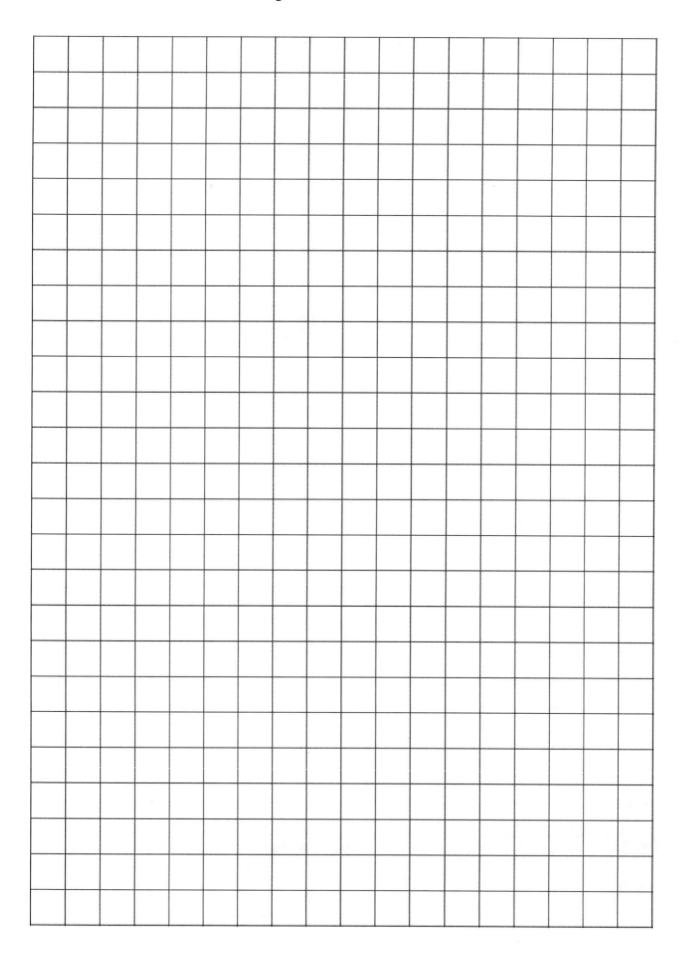

Revêtement de sol

Fabriquant _____

Matériaux _____

Couleurs _____

Dimensions _____

Garantie (durée/coordonées) _____

Année d'achat _____

Achat effectué chez _____

Prix d'achat _____

Revêtement mural

Fabriquant _____

Matériaux _____

Couleurs _____

Dimensions _____

Année d'achat _____

Achat effectué chez _____

Prix d'achat _____

Porte 1

Fabriquant ─────────────────────────────

Matériaux ─────────────────────────────

Couleurs ─────────────────────────────

Dimensions ─────────────────────────────

Année d'achat ─────────────────────────────

Achat effectué chez ─────────────────────────────

Prix d'achat ─────────────────────────────

Porte 2

Fabriquant ─────────────────────────────

Matériaux ─────────────────────────────

Couleurs ─────────────────────────────

Dimensions ─────────────────────────────

Année d'achat ─────────────────────────────

Achat effectué chez ─────────────────────────────

Prix d'achat ─────────────────────────────

Fenêtre 1

Fabriquant _____

Type ☐ Classique ☐ Coulissante ☐ Oscillo-battante ☐ Bandeau

Matériaux ☐ Bois ☐ Alluminium ☐ PVC

Dimensions _____

Année d'achat _____

Achat effectué chez _____

Garantie (durée/coordonées) _____

Prix d'achat _____

Eclairage 1

Fabriquant _____

Modèle _____

Emplacement _____

Dimensions _____

Nb d'ampoules/ Watt _____

Année d'achat _____

Achat effectué chez _____

Prix d'achat _____

Eclairage 2

Fabriquant ─────────────────────────────

Modèle ─────────────────────────────

Emplacement ─────────────────────────────

Dimensions ─────────────────────────────

Nb d'ampoules/ Watt ─────────────────────────

Année d'achat ─────────────────────────────

Achat effectué chez ─────────────────────────

Prix d'achat ─────────────────────────────

Notes

Budget - Couloir 1
Aménagement & travaux

Total

Factures / Garanties

Collez-ici les copies de vos factures et bons de garanties

Photos

Collez- ici les photos du couloir à votre arrivée, ainsi que les différentes étapes des travaux éffectués

Couloir 2

Etage ───────────────

Dimensions du couloir 2

Longueur ─────────────────────────

Largeur ─────────────────────────

Hauteur ─────────────────────────

m2 ─────────────────────────

Croquis du couloir 2

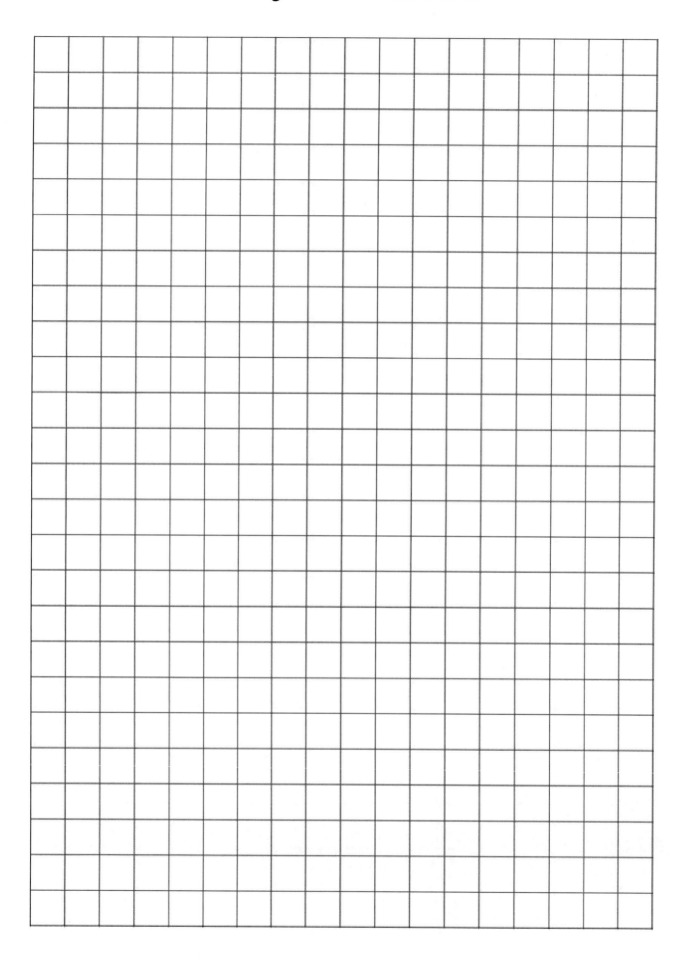

Revêtement de sol

Fabriquant ───────────────────────

Matériaux ───────────────────────

Couleurs ───────────────────────

Dimensions ───────────────────────

Garantie (durée/coordonées) ───────────────

Année d'achat ───────────────────────

Achat effectué chez ───────────────────────

Prix d'achat ───────────────────────

Revêtement mural

Fabriquant ───────────────────────

Matériaux ───────────────────────

Couleurs ───────────────────────

Dimensions ───────────────────────

Année d'achat ───────────────────────

Achat effectué chez ───────────────────────

Prix d'achat ───────────────────────

Porte 1

Fabriquant _____

Matériaux _____

Couleurs _____

Dimensions _____

Année d'achat _____

Achat effectué chez _____

Prix d'achat _____

Porte 2

Fabriquant _____

Matériaux _____

Couleurs _____

Dimensions _____

Année d'achat _____

Achat effectué chez _____

Prix d'achat _____

Fenêtre

Fabriquant _____

Type ☐ Classique ☐ Coulissante ☐ Oscillo-battante ☐ Bandeau

Matériaux ☐ Bois ☐ Alluminium ☐ PVC

Dimensions _____

Année d'achat _____

Achat effectué chez _____

Garantie (durée/coordonées) _____

Prix d'achat _____

Volet - Fenêtre

Fabriquant _____

Type ☐ Batant ☐ Roulant ☐ Roulant Electrique

Modèle _____

Dimensions _____

Année d'achat _____

Achat effectué chez _____

Garantie (durée/coordonées) _____

Prix d'achat _____

Eclairage 1

Fabriquant _____

Modèle _____

Emplacement _____

Dimensions _____

Nb d'ampoules/ Watt _____

Année d'achat _____

Achat effectué chez _____

Prix d'achat _____

Eclairage 2

Fabriquant _____

Modèle _____

Emplacement _____

Dimensions _____

Nb d'ampoules/ Watt _____

Année d'achat _____

Achat effectué chez _____

Prix d'achat _____

Notes

Budget - Couloir 2
Aménagement & travaux

Total

Factures / Garanties

Collez-ici les copies de vos factures et bons de garanties

Photos

Collez - ici les photos du couloir à votre arrivée, ainsi que les différentes étapes des travaux éffectués

Escalier 1

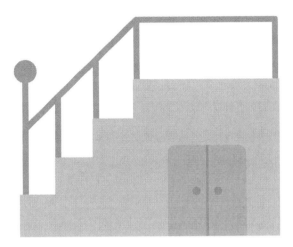

Dimensions de l'éscalier 1

Longueur _____

Largeur _____

Hauteur _____

m2 _____

Croquis de l'éscalier 1

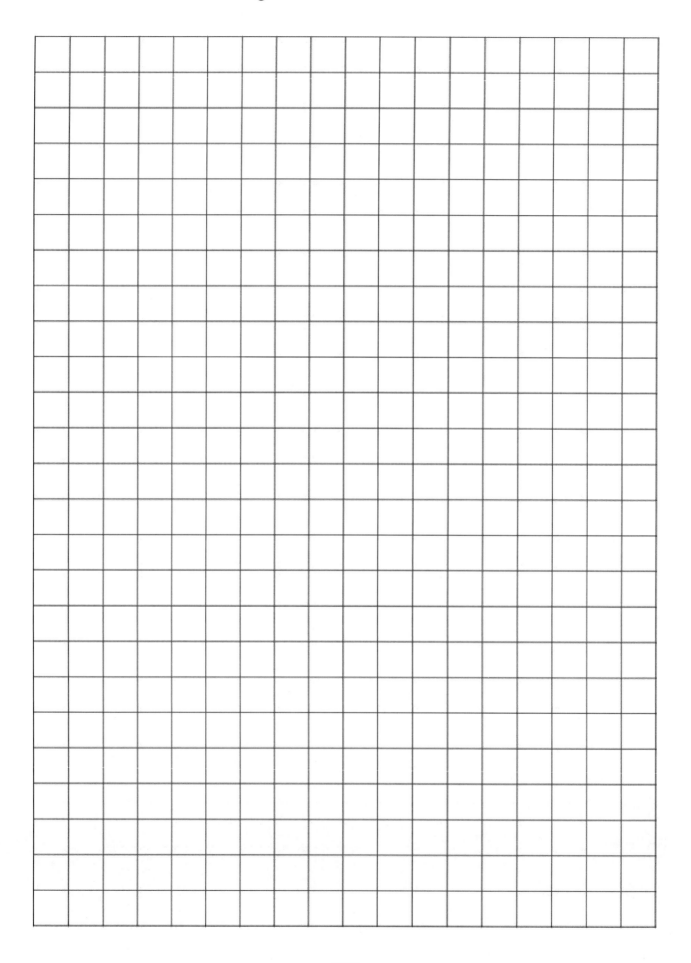

Revêtement de sol

Fabriquant ───────────────────────

Matériaux ───────────────────────

Couleurs ───────────────────────

Dimensions ───────────────────────

Garantie (durée/coordonées) ───────────────────────

Année d'achat ───────────────────────

Achat effectué chez ───────────────────────

Prix d'achat ───────────────────────

Revêtement mural

Fabriquant ───────────────────────

Matériaux ───────────────────────

Couleurs ───────────────────────

Dimensions ───────────────────────

Année d'achat ───────────────────────

Achat effectué chez ───────────────────────

Prix d'achat ───────────────────────

Porte 1

Fabriquant _____

Matériaux _____

Couleurs _____

Dimensions _____

Année d'achat _____

Achat effectué chez _____

Prix d'achat _____

Porte 2

Fabriquant _____

Matériaux _____

Couleurs _____

Dimensions _____

Année d'achat _____

Achat effectué chez _____

Prix d'achat _____

Fenêtre

Fabriquant _____

Type ☐ Classique ☐ Coulissante ☐ Oscillo-battante ☐ Bandeau

Matériaux ☐ Bois ☐ Alluminium ☐ PVC

Dimensions _____

Année d'achat _____

Achat effectué chez _____

Garantie (durée/coordonées) _____

Prix d'achat _____

Volet - Fenêtre

Fabriquant _____

Type ☐ Batant ☐ Roulant ☐ Roulant Electrique

Modèle _____

Dimensions _____

Année d'achat _____

Achat effectué chez _____

Garantie (durée/coordonées) _____

Prix d'achat _____

Eclairage 1

Fabriquant _____

Modèle _____

Emplacement _____

Dimensions _____

Nb d'ampoules/ Watt _____

Année d'achat _____

Achat effectué chez _____

Prix d'achat _____

Eclairage 2

Fabriquant _____

Modèle _____

Emplacement _____

Dimensions _____

Nb d'ampoules/ Watt _____

Année d'achat _____

Achat effectué chez _____

Prix d'achat _____

Notes

Budget - Escalier 1
Aménagement & travaux

Total

Factures / Garanties

Collez-ici les copies de vos factures et bons de garanties

Photos

Collez - ici les photos de l'éscalier 1 à votre arrivée, ainsi que les différentes étapes des travaux éffectués

Escalier 2

Dimensions de l'éscalier 2

Longueur _____

Largeur _____

Hauteur _____

m2 _____

Croquis de l'éscalier 2

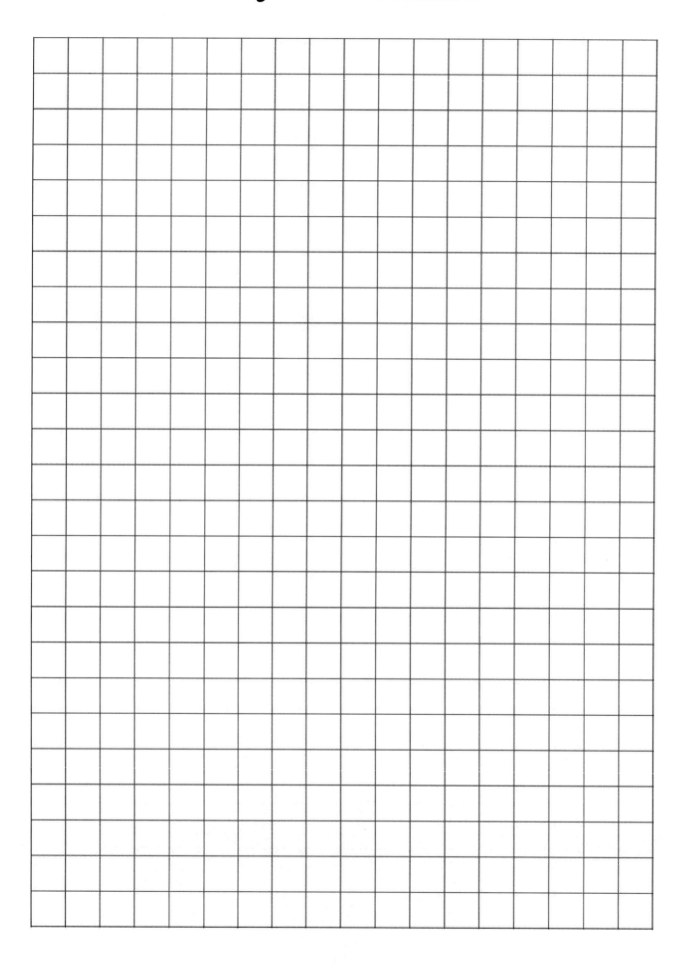

Revêtement de sol

Fabriquant _____

Matériaux _____

Couleurs _____

Dimensions _____

Garantie (durée/coordonées) _____

Année d'achat _____

Achat effectué chez _____

Prix d'achat _____

Revêtement mural

Fabriquant _____

Matériaux _____

Couleurs _____

Dimensions _____

Année d'achat _____

Achat effectué chez _____

Prix d'achat _____

Porte 1

Fabriquant _____

Matériaux _____

Couleurs _____

Dimensions _____

Année d'achat _____

Achat effectué chez _____

Prix d'achat _____

Porte 2

Fabriquant _____

Matériaux _____

Couleurs _____

Dimensions _____

Année d'achat _____

Achat effectué chez _____

Prix d'achat _____

Fenêtre

Fabriquant _____

Type ☐ Classique ☐ Coulissante ☐ Oscillo-battante ☐ Bandeau

Matériaux ☐ Bois ☐ Alluminium ☐ PVC

Dimensions _____

Année d'achat _____

Achat effectué chez _____

Garantie (durée/coordonées) _____

Prix d'achat _____

Volet - Fenêtre

Fabriquant _____

Type ☐ Batant ☐ Roulant ☐ Roulant Electrique

Modèle _____

Dimensions _____

Année d'achat _____

Achat effectué chez _____

Garantie (durée/coordonées) _____

Prix d'achat _____

Eclairage 1

Fabriquant ───────────────────────────

Modèle ───────────────────────────

Emplacement ───────────────────────────

Dimensions ───────────────────────────

Nb d'ampoules/ Watt ───────────────────────────

Année d'achat ───────────────────────────

Achat effectué chez ───────────────────────────

Eclairage 2

Fabriquant ───────────────────────────

Modèle ───────────────────────────

Emplacement ───────────────────────────

Dimensions ───────────────────────────

Nb d'ampoules/ Watt ───────────────────────────

Année d'achat ───────────────────────────

Achat effectué chez ───────────────────────────

Notes

Budget - Escalier 2
Aménagement & travaux

Total

Factures / Garanties

Collez-ici les copies de vos factures et bons de garanties

Photos

Collez- ici les photos de l'éscalier 2 à votre arrivée, ainsi que les différentes étapes des travaux éffectués

WC indépendants 1

Etage _____

Dimensions des WC 1

Longueur _____

Largeur _____

Hauteur _____

m2 _____

Croquis des WC 1

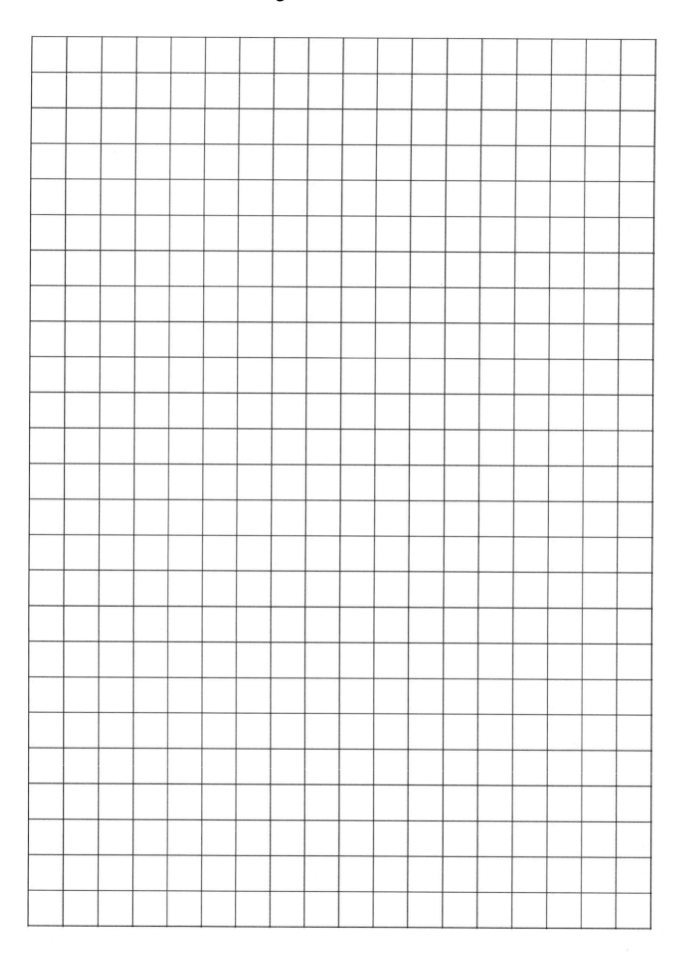

Lavabo / Vasque

Fabriquant _____

Modèle _____

Type ☐ Lavabo   ☐ Vasque

Dimensions _____

Année d'achat _____

Garantie (durée/coordonées) _____

Achat effectué chez _____

Prix d'achat _____

Robinet de lavabo / Vasque

Fabriquant _____

Modèle _____

Année d'achat _____

Garantie (durée/coordonées) _____

Type ☐ Mélangeur   ☐ Mitigeur

Achat effectué chez _____

Prix d'achat _____

Mobilier

Fabriquant _____

Modèle _____

Dimensions _____

Année d'achat _____

Garantie (durée/coordonées) _____

Achat effectué chez _____

Prix d'achat _____

Miroir

Fabriquant _____

Modèle _____

Dimensions _____

Année d'achat _____

Garantie (durée/coordonées) _____

Achat effectué chez _____

Prix d'achat _____

WC

Fabriquant _____

Modèle _____

Type ☐ A poser ☐ Suspendus ☐ Broyeurs

Année d'achat _____

Garantie (durée/coordonées) _____

Achat effectué chez _____

Prix d'achat _____

Porte

Fabriquant _____

Matériaux _____

Couleurs _____

Dimensions _____

Année d'achat _____

Achat effectué chez _____

Prix d'achat _____

Fenêtre

Fabriquant _____

Type ☐ Classique ☐ Coulissante ☐ Oscillo-battante ☐ Bandeau

Matériaux ☐ Bois ☐ Alluminium ☐ PVC

Dimensions _____

Année d'achat _____

Achat effectué chez _____

Garantie (durée/coordonées) _____

Prix d'achat _____

Eclairage

Fabriquant _____

Modèle _____

Emplacement _____

Dimensions _____

Nb d'ampoules/ Watt _____

Année d'achat _____

Achat effectué chez _____

Prix d'achat _____

Radiateurs

Fabriquant ─────────────────────────────

Modèle ─────────────────────────────

Emplacement ─────────────────────────────

Dimensions ─────────────────────────────

Nb ─────────────────────────────

Année d'achat ─────────────────────────────

Achat effectué chez ─────────────────────────────

Prix d'achat ─────────────────────────────

Notes

Budget - WC 1
Aménagement & travaux

Total

Factures / Garanties

Collez-ici les copies de vos factures et bons de garanties

Photos

Collez - ici les photos de vos WC à votre arrivée, ainsi que les différentes étapes des travaux éffectués

WC indépendants 2

Etage _____

Dimensions des WC 2

Longueur _____

Largeur _____

Hauteur _____

m2 _____

Croquis des WC 2

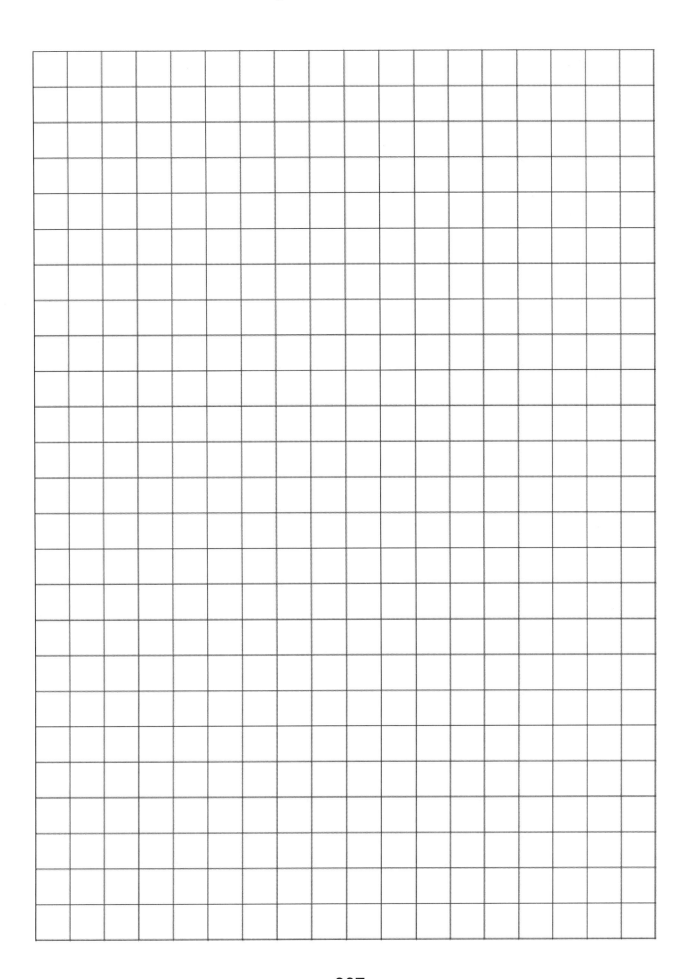

Lavabo / Vasque

Fabriquant _____

Modèle _____

Type ☐ Lavabo ☐ Vasque

Dimensions _____

Année d'achat _____

Garantie (durée/coordonées) _____

Achat effectué chez _____

Prix d'achat _____

Robinet de lavabo / Vasque

Fabriquant _____

Modèle _____

Année d'achat _____

Garantie (durée/coordonées) _____

Type ☐ Mélangeur ☐ Mitigeur

Achat effectué chez _____

Prix d'achat _____

Mobilier

Fabriquant ────────────────────────

Modèle ────────────────────────

Dimensions ────────────────────────

Année d'achat ────────────────────────

Garantie (durée/coordonées) ────────────────────────

Achat effectué chez ────────────────────────

Prix d'achat ────────────────────────

Miroir

Fabriquant ────────────────────────

Modèle ────────────────────────

Dimensions ────────────────────────

Année d'achat ────────────────────────

Garantie (durée/coordonées) ────────────────────────

Achat effectué chez ────────────────────────

Prix d'achat ────────────────────────

WC

Fabriquant _____

Modèle _____

Type ☐ A poser ☐ Suspendus ☐ Broyeurs

Année d'achat _____

Garantie (durée/coordonées) _____

Achat effectué chez _____

Prix d'achat _____

Porte

Fabriquant _____

Matériaux _____

Couleurs _____

Dimensions _____

Année d'achat _____

Achat effectué chez _____

Prix d'achat _____

Fenêtre

Fabriquant _____

Type ☐ Classique ☐ Coulissante ☐ Oscillo-battante ☐ Bandeau

Matériaux ☐ Bois ☐ Alluminium ☐ PVC

Dimensions _____

Année d'achat _____

Achat effectué chez _____

Garantie (durée/coordonées) _____

Prix d'achat _____

Eclairage

Fabriquant _____

Modèle _____

Emplacement _____

Dimensions _____

Nb d'ampoules/ Watt _____

Année d'achat _____

Achat effectué chez _____

Prix d'achat _____

Radiateurs

Fabriquant _____

Modèle _____

Emplacement _____

Dimensions _____

Nb _____

Année d'achat _____

Achat effectué chez _____

Prix d'achat _____

Notes

Budget - WC 2
Aménagement & travaux

Total

Factures / Garanties

Collez-ici les copies de vos factures et bons de garanties

Photos

Collez- ici les photos de vos WC à votre arrivée, ainsi que les différentes étapes des travaux éffectués

WC indépendants 3

Etage _____

Dimensions des WC 3

Longueur _____

Largeur _____

Hauteur _____

m2 _____

Croquis des WC 3

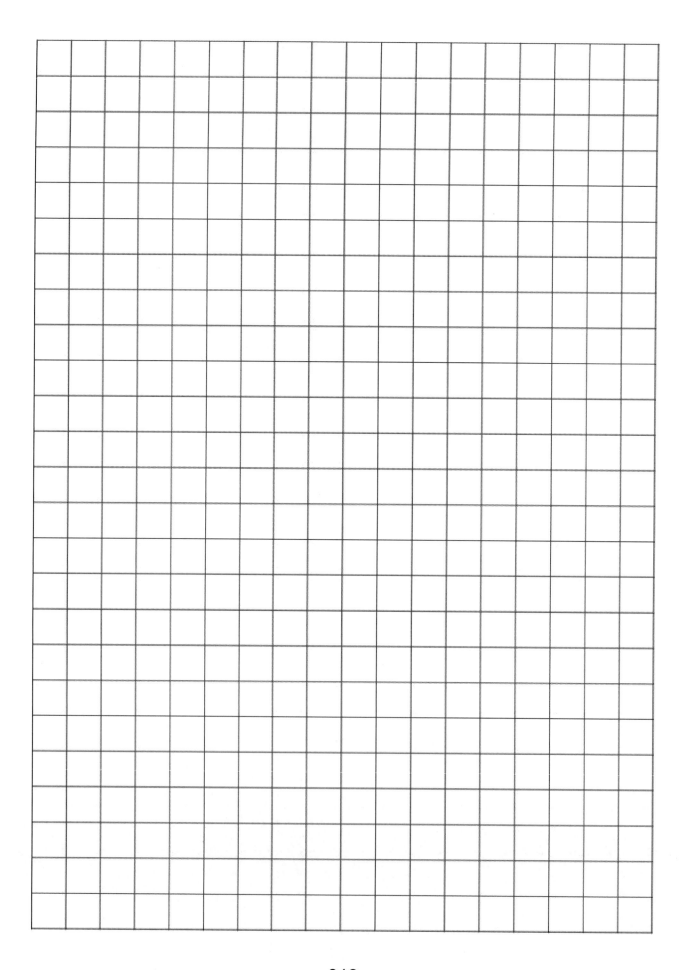

Lavabo / Vasque

Fabriquant ──────────────────────

Modèle ──────────────────────

Type ☐ Lavabo ☐ Vasque

Dimensions ──────────────────────

Année d'achat ──────────────────────

Garantie (durée/coordonées) ──────────────────────

Achat effectué chez ──────────────────────

Prix d'achat ──────────────────────

Robinet de lavabo / Vasque

Fabriquant ──────────────────────

Modèle ──────────────────────

Année d'achat ──────────────────────

Garantie (durée/coordonées) ──────────────────────

Type ☐ Mélangeur ☐ Mitigeur

Achat effectué chez ──────────────────────

Prix d'achat ──────────────────────

Mobilier

Fabriquant _____

Modèle _____

Dimensions _____

Année d'achat _____

Garantie (durée/coordonées) _____

Achat effectué chez _____

Prix d'achat _____

Miroir

Fabriquant _____

Modèle _____

Dimensions _____

Année d'achat _____

Garantie (durée/coordonées) _____

Achat effectué chez _____

Prix d'achat _____

WC

Fabriquant _____

Modèle _____

Type ☐ A poser ☐ Suspendus ☐ Broyeurs

Année d'achat _____

Garantie (durée/coordonées) _____

Achat effectué chez _____

Prix d'achat _____

Porte

Fabriquant _____

Matériaux _____

Couleurs _____

Dimensions _____

Année d'achat _____

Achat effectué chez _____

Prix d'achat _____

Fenêtre

Fabriquant _____

Type ☐ Classique ☐ Coulissante ☐ Oscillo-battante ☐ Bandeau

Matériaux ☐ Bois ☐ Alluminium ☐ PVC

Dimensions _____

Année d'achat _____

Achat effectué chez _____

Garantie (durée/coordonées) _____

Prix d'achat _____

Eclairage

Fabriquant _____

Modèle _____

Emplacement _____

Dimensions _____

Nb d'ampoules/ Watt _____

Année d'achat _____

Achat effectué chez _____

Prix d'achat _____

Radiateurs

Fabriquant _____

Modèle _____

Emplacement _____

Dimensions _____

Nb _____

Année d'achat _____

Achat effectué chez _____

Prix d'achat _____

Notes

Budget - WC 3
Aménagement & travaux

Total

Factures / Garanties

Collez-ici les copies de vos factures et bons de garanties

Photos

Collez- ici les photos de vos WC à votre arrivée, ainsi que les différentes étapes des travaux éffectués

Façade

Dimensions de la façade

Hauteur ───────────────────────

Largeur ───────────────────────

m2 ───────────────────────

Croquis de la façade

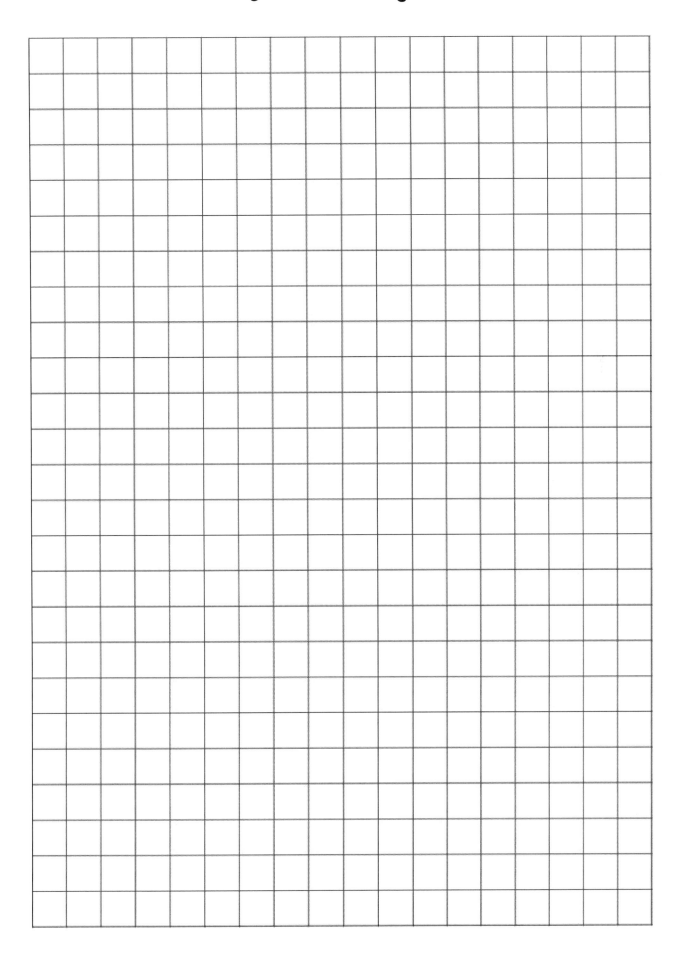

Peinture

Fabriquant _____

Couleurs _____

Dimensions _____

Année d'achat _____

Achat effectué chez _____

Prix d'achat _____

Bardage

Fabriquant _____

Couleurs _____

Dimensions _____

Année d'achat _____

Achat effectué chez _____

Prix d'achat _____

Eclairage

Fabriquant _____

Modèle _____

Emplacement _____

Dimensions _____

Nb d'ampoules/ Watt _____

Année d'achat _____

Achat effectué chez _____

Prix d'achat _____

Gouttières

Fabriquant _____

Modèle _____

Type ☐ Pendantes   ☐ Rampantes

Materiaux ☐ Zinc ☐ Aluminium ☐ PVC ☐ Cuivre

Dimensions _____

Année d'achat _____

Achat effectué chez _____

Prix d'achat _____

Notes

Budget - Façade
Aménagement & travaux

Total

Factures / Garanties

Collez-ici les copies de vos factures et bons de garanties

Photos

Collez- ici les photos de la façade à votre arrivée, ainsi que les différentes étapes des travaux éffectués

Arrière de la maison

Dimensions de l'arrière de la maison

Hauteur _____

Largeur _____

m2 _____

Croquis de l'arrière de la maison

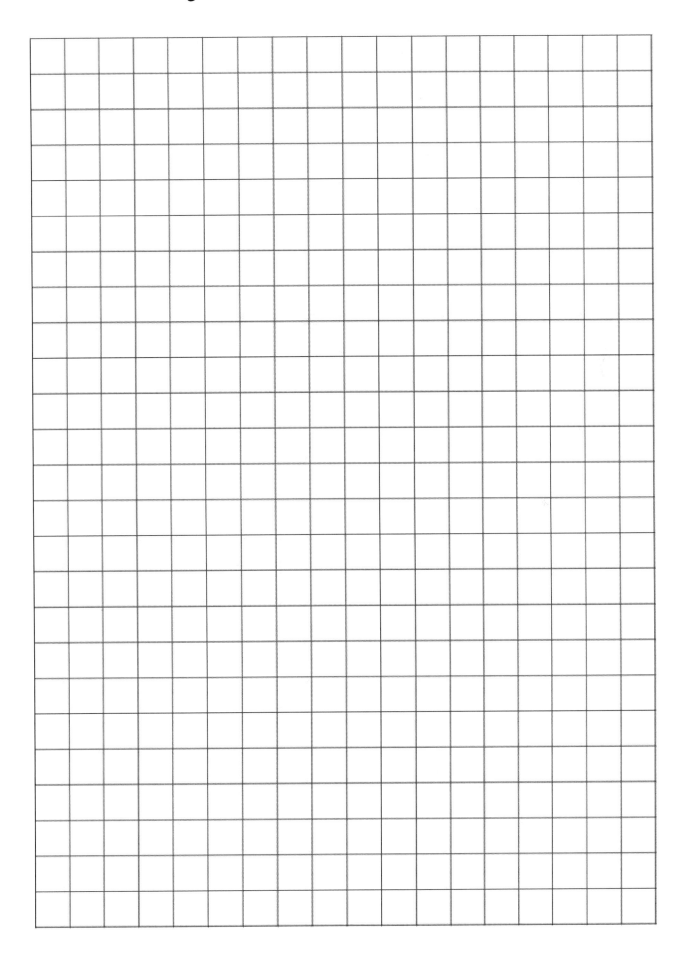

Peinture

Fabriquant _____

Couleurs _____

Dimensions _____

Année d'achat _____

Achat effectué chez _____

Prix d'achat _____

Bardage

Fabriquant _____

Couleurs _____

Dimensions _____

Année d'achat _____

Achat effectué chez _____

Prix d'achat _____

Eclairage

Fabriquant _____

Modèle _____

Emplacement _____

Dimensions _____

Nb d'ampoules/ Watt _____

Année d'achat _____

Achat effectué chez _____

Prix d'achat _____

Gouttières

Fabriquant _____

Modèle _____

Type ☐ Pendantes   ☐ Rampantes

Materiaux ☐ Zinc ☐ Aluminium ☐ PVC ☐ Cuivre

Dimensions _____

Année d'achat _____

Achat effectué chez _____

Prix d'achat _____

Notes

Budget - Arrière de la maison
Aménagement & travaux

Total

Factures / Garanties

Collez-ici les copies de vos factures et bons de garanties

Photos

Collez- ici les photos de l'arrière de la maison à votre arrivée, ainsi que les différentes étapes des travaux éffectués

Garage

Dimensions du garage

Longueur ————————————————

Largeur ————————————————

Hauteur ————————————————

m2 ————————————————

Croquis du garage

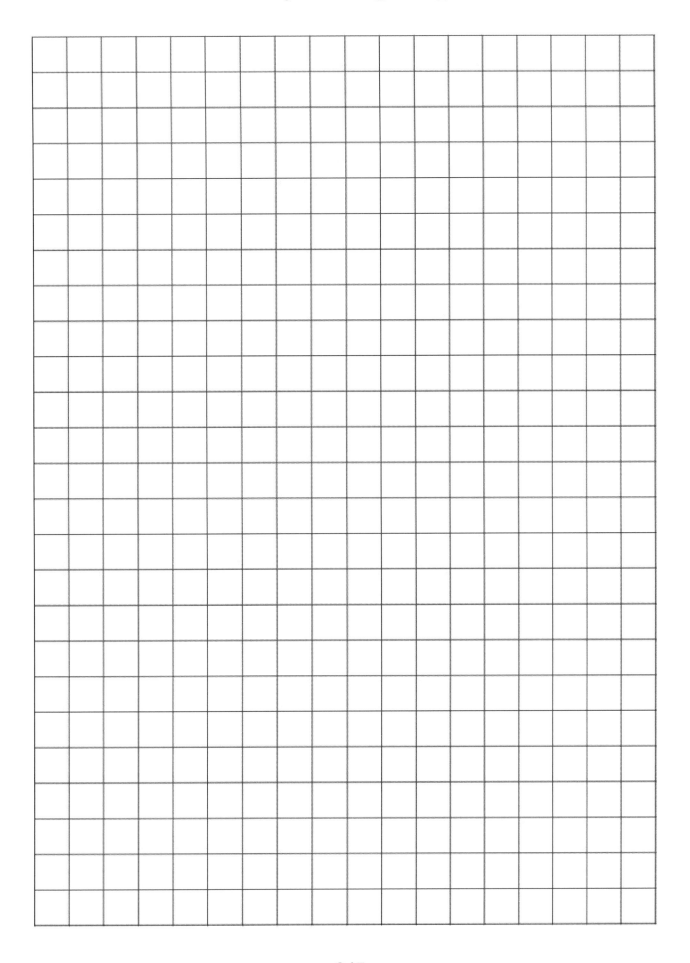

Etagères

Fabriquant _____

Modèle _____

Couleurs _____

Dimensions _____

Garantie (durée/coordonées) _____

Année d'achat _____

Achat effectué chez _____

Prix d'achat _____

Mobilier

Fabriquant _____

Modèle _____

Couleurs _____

Dimensions _____

Garantie (durée/coordonées) _____

Année d'achat _____

Achat effectué chez _____

Prix d'achat _____

Revêtement de sol

Fabriquant _____

Matériaux _____

Couleurs _____

Dimensions _____

Garantie (durée/coordonées) _____

Année d'achat _____

Achat effectué chez _____

Prix d'achat _____

Revêtement mural

Fabriquant _____

Matériaux _____

Couleurs _____

Dimensions _____

Année d'achat _____

Achat effectué chez _____

Prix d'achat _____

Porte 1

Fabriquant ───────────────────────────

Matériaux ───────────────────────────

Couleurs ───────────────────────────

Dimensions ───────────────────────────

Année d'achat ───────────────────────────

Achat effectué chez ───────────────────────────

Prix d'achat ───────────────────────────

Porte 2

Fabriquant ───────────────────────────

Matériaux ───────────────────────────

Couleurs ───────────────────────────

Dimensions ───────────────────────────

Année d'achat ───────────────────────────

Achat effectué chez ───────────────────────────

Prix d'achat ───────────────────────────

Fenêtre 1

Fabriquant _____

Type ☐ Classique ☐ Coulissante ☐ Oscillo-battante ☐ Bandeau

Matériaux ☐ Bois ☐ Alluminium ☐ PVC

Dimensions _____

Année d'achat _____

Achat effectué chez _____

Garantie (durée/coordonées) _____

Prix d'achat _____

Volet - Fenêtre 1

Fabriquant _____

Type ☐ Batant ☐ Roulant ☐ Roulant Electrique

Modèle _____

Dimensions _____

Année d'achat _____

Achat effectué chez _____

Garantie (durée/coordonées) _____

Prix d'achat _____

Porte de garage (vers la rue)

Fabriquant _____

Modèle _____

Dimensions _____

Motorisée ☐ Oui   ☐ Non

Année d'achat _____

Garantie (durée/coordonées) _____

Achat effectué chez _____

Prix d'achat _____

Notes

Budget - Garage
Aménagement & travaux

Total

Factures / Garanties

Collez-ici les copies de vos factures et bons de garanties

Photos

Collez- ici les photos du garage à votre arrivée, ainsi que les différentes étapes des travaux éffectués

Jardin

Dimensions du jardin

Longueur _____

Largeur _____

m2 _____

Croquis du jardin

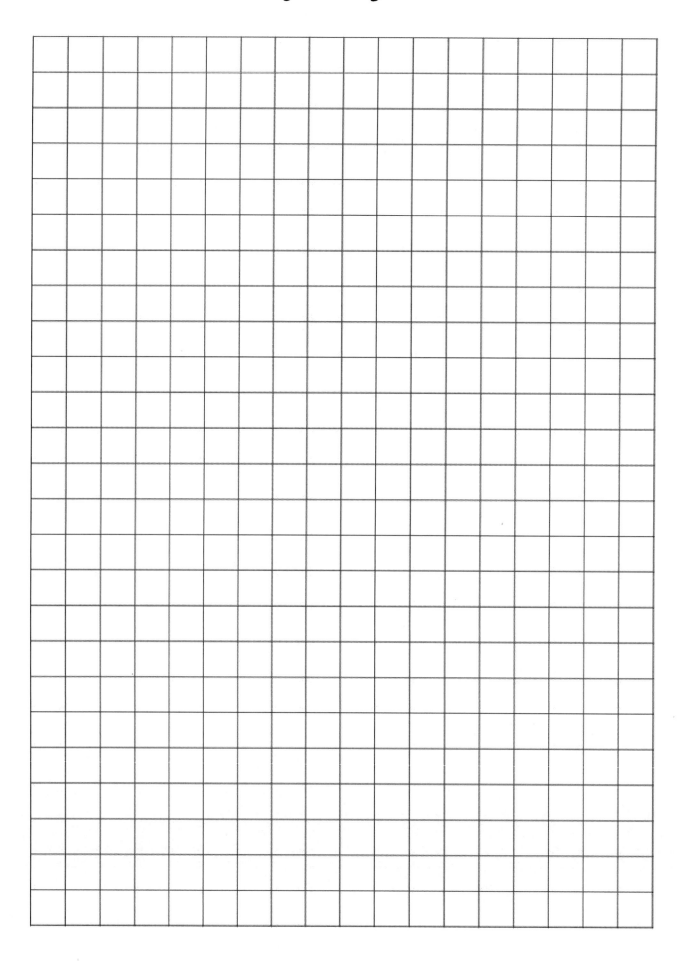

Clotures

Couleurs

Dimensions

Année d'achat

Achat effectué chez

Prix d'achat

Murs

Couleurs

Dimensions

Année d'achat

Achat effectué chez

Prix d'achat

Abri de jardin

Materiaux ───────────────────────────

Couleurs ───────────────────────────

Dimensions ───────────────────────────

Année d'achat ───────────────────────────

Achat effectué chez ───────────────────────────

Prix d'achat ───────────────────────────

Eclairage

Fabriquant ───────────────────────────

Modèle ───────────────────────────

Emplacement ───────────────────────────

Dimensions ───────────────────────────

Nb d'ampoules/ Watt ───────────────────────────

Année d'achat ───────────────────────────

Achat effectué chez ───────────────────────────

Prix d'achat ───────────────────────────

Piscine / SPA

Fabriquant ───────────────────────────────

Modèle ───────────────────────────────

Longueur ───────────────────────────────

Largeur ───────────────────────────────

Profondeur ───────────────────────────────

Type ───────────────────────────────

Année d'achat ───────────────────────────────

Garantie ───────────────────────────────

Achat effectué chez ───────────────────────────────

Prix d'achat ───────────────────────────────

Notes

Budget - Jardin
Aménagement & travaux

Total

Factures / Garanties

Collez-ici les copies de vos factures et bons de garanties

Photos

Collez - ici les photos du jardin à votre arrivée, ainsi que les différentes étapes des travaux éffectués

Terrasse

Dimensions de la terrasse

Longueur _____

Largeur _____

m2 _____

Croquis de la Terrasse

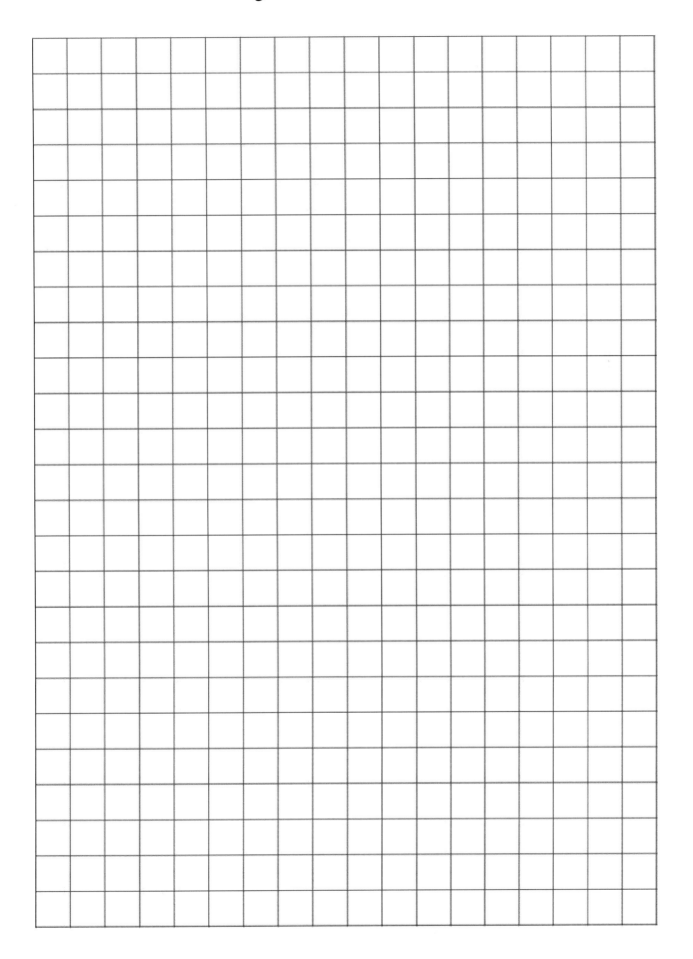

Revêtement de sol

Fabriquant _____

Matériaux _____

Couleurs _____

Dimensions _____

Garantie (durée/coordonées) _____

Année d'achat _____

Achat effectué chez _____

Prix d'achat _____

Eclairage

Fabriquant _____

Modèle _____

Emplacement _____

Dimensions _____

Nb d'ampoules/ Watt _____

Année d'achat _____

Achat effectué chez _____

Prix d'achat _____

Notes

Budget - Terrasse
Aménagement & travaux

Total

Factures / Garanties

Collez-ici les copies de vos factures et bons de garanties

Photos

Collez - ici les photos de la terrasse à votre arrivée, ainsi que les différentes étapes des travaux éffectués

Entretien de la maison

- Notez les principaux contacts pour l'entretien et le fonctionnement de votre maison
- Utilisez le calendrier annuel d'entretien pour ne pas oublier les dates de révision et de contrôle de vos appareils et parties de la maison

Contacts

Ellectricité _____

Numero de contrat _____

Téléphone _____

Mail _____

Observations _____

Gaz _____

Numero de contrat _____

Téléphone _____

Mail _____

Observations _____

Eau _____

Numero de contrat _____

Téléphone _____

Mail _____

Observations _____

Contacts

Chaudière _____

Numero de contrat _____

Téléphone _____

Mail _____

Observations _____

Chauffe-Eau _____

Numero de contrat _____

Téléphone _____

Mail _____

Observations _____

Assurance _____

Numero de contrat _____

Téléphone _____

Mail _____

Observations _____

Contacts

Numero de contrat _____

Téléphone _____

Mail _____

Observations _____

Numero de contrat _____

Téléphone _____

Mail _____

Observations _____

Numero de contrat _____

Téléphone _____

Mail _____

Observations _____

Contacts

Numero de contrat _____

Téléphone _____

Mail _____

Observations _____

Numero de contrat _____

Téléphone _____

Mail _____

Observations _____

Numero de contrat _____

Téléphone _____

Mail _____

Observations _____

Budget d'entretien

Année _____

A Payer	Date	Estimé	Réalisé	Ecart

Budget d'entretien

Année _____

A Payer	Date	Estimé	Réalisé	Ecart

Budget d'entretien

Année _____

A Payer	Date	Estimé	Réalisé	Ecart

Budget d'entretien

Année _____

A Payer	Date	Estimé	Réalisé	Ecart

Budget d'entretien

Année _____

A Payer	Date	Estimé	Réalisé	Ecart

Budget d'entretien

Année _____

A Payer	Date	Estimé	Réalisé	Ecart

Budget d'entretien

Année _____

A Payer	Date	Estimé	Réalisé	Ecart

Budget d'entretien

Année _____

A Payer	Date	Estimé	Réalisé	Ecart

Budget d'entretien

Année _____

A Payer	Date	Estimé	Réalisé	Ecart